解码佛山制造

中共佛山市委宣传部
南方日报佛山新闻部
编著

南方日报出版社
NANFANG DAILY PRESS
中国·广州

图书在版编目（CIP）数据

解码佛山制造 / 中共佛山市委宣传部，南方日报佛山新闻部编著. 广州 ：南方日报出版社，2025.2. -- ISBN 978-7-5491-3033-7

Ⅰ. F426.4

中国国家版本馆CIP数据核字第20257LU177号

JIEMA FOSHAN ZHIZAO

解码佛山制造

编　　著：中共佛山市委宣传部　南方日报佛山新闻部
出版发行：南方日报出版社
地　　址：广州市广州大道中289号
出 版 人：周山丹
责任编辑：张　高　周丹丹
装帧设计：邓晓童
责任校对：阮昌汉
责任技编：王　兰
经　　销：全国新华书店
印　　刷：广州市新怡印务股份有限公司
成品尺寸：175㎜×245㎜
印　　张：15.5
字　　数：224千字
版　　次：2025年2月第1版
印　　次：2025年2月第1次印刷
定　　价：78.00元

投稿热线：（020）87360640　　读者热线：（020）87363865

《解码佛山制造》编委会

序言

中国的未来：佛山样板

张燕生

广东佛山的工业文明底蕴深厚，自古就以陶瓷、纺织、铸造、医药等闻名，工商业发达、商贾云集，明清时期就是“天下四大聚”和全国“四大名镇”之一。改革开放几十年来，佛山更是形成了发达的民营经济和强大的制造业，已成为享誉国内外的制造业名城。2023年，佛山规上工业总产值突破3万亿元大关，晋级“中国工业第四城”，成为一个标志性事件。

如果想要真正研究透中国制造业，就绕不开佛山制造。历史上是这样，现在也是如此，未来应该还是如此。中国的未来，佛山一定是一个重要样板。

（一）

长期以来，佛山是我以及很多学者关注和研究的城市。时间回到2012年，我和肖耿教授[①]及20多位研究同仁一道，要选择一个城市变革案例，来揭示政府与市场在中国现代化建设中的作用。全国这么多城市，选哪

①现为香港中文大学（深圳）实践教授、香港国际金融学会主席。

一个更好呢？上海更国际化，北京更政治化，深圳更特区化，苏州更多元化。谁更有市场活力但又更草根？唯有佛山。最终，我们锁定佛山，作为重点研究样本。

的确，改革开放以来，佛山在发展市场经济和探索产业变革方面，一直都是先行先试，而且改革发展成果丰硕。从社队企业、乡镇企业、民营企业到混合所有制跨国企业；从离岸制造、在岸制造到全球制造；从传统制造业、生产性服务业到数字化转型和绿色化转型；从放水养鱼、藏富于民，到交通、能源、城市、社会、数字基础设施建设，再到优化营商环境、提升公共服务均等化水平……毫无疑问，在一代代人的接力探索和创新实践之下，佛山已经形成了比较独特的经验和模式。正是基于对佛山的研究成果，我们2017年通过中信出版集团出版了《政府与市场——中国经验》《中国未来——佛山模式》和一本英文著作，系统总结和推介了佛山经验，受到广泛关注。

8年时间过去了，佛山工业发展得怎样了？虽然这期间我仍在一直关注佛山，但当我有幸第一时间读到由中共佛山市委宣传部、南方日报佛山新闻部编著，陈捷生、赵越、周欢、赵进主编的《解码佛山制造》一书时，我还是感到非常惊喜，并欣然答应作序。一方面，这本书内容扎实、案例丰富、事实说话、文字流畅，是一本引人入胜的好书，特别是在国家倡导推进新型工业化、发展新质生产力的背景下，对佛山制造业发展最新经验的系统梳理和总结提炼非常有意义和价值；另一方面，透过这本书可以看到佛山制造业的新变化、新成就和新趋势，从中看到佛山新的活力和动力。

读完《解码佛山制造》一书，感触颇深。

本书分为“何为佛山制造”“何以佛山制造”“如何转型突围”以及“典型样本”“媒体视角”五大板块，以全视角、多层次、宽领域、深挖掘的方式，讲述了佛山制造业的鲜活故事，亮点很多，也很有看头。书中总结了佛山产业发展的“三张牌”优势：民营经济和制造业的“底牌”、两大万亿产业集群（装备制造、泛家居）的“王牌”以及新兴产业的“新牌”。这也是佛山2023年规上工业总产值突破3万亿元大关，成为继深圳、苏州、上海之后的“中国工业第四城”的重要支撑。

在“万亿GDP俱乐部”中，佛山是少有的制造业比重超50%的城市，而且无论是企业标准还是在品牌、商标等方面，佛山都是积极努力探索前行的。佛山有企业标准“领跑者”407项，连续三年排名全国第一，累计参与制定修订国际标准、国家标准、行业标准3050项，保护知识产权获得国家知识产权局通报表扬，拥有中国驰名商标居全国地级市首位。这些也都是推动佛山制造业加快转型升级的重要力量。

（二）

多年来，佛山给我留下印象最深的，是坚守实业、敢为人先、真抓实干、勇于创新。

早在2008年，在当时国际金融危机的背景下，佛山工业转型难上加难。缺人才、缺技术、缺资金、缺品牌、缺渠道、缺转型升级能力，怎么办？佛山人喊出了对标德国，发展工业服务促进传统工业转型升级的口号。为了吸引专业化很强的人才和知识密集型行业集聚佛山，政府通过城市“三旧”改造，把污染严重、遍地开花的传统工业城市改造成绿色、开放、智慧、宜居、包容的国际都市。

而最近几年，佛山制造业转型升级的步伐进一步加快。佛山民营企业需要榜样，政府就把招商引资工作重点聚焦在数控机床、仪器仪表、高端装备、新型储能、新材料、工业机器人和医药健康、现代物流、预制菜等产业，“要素创造”正成为佛山制造业发展的新引擎。这些都是佛山制造业正在发生的新变化。

我始终认为，“佛山很中国”。它既不是省会、经济特区，也不是央企外企云集之地，但它依靠市场、社会、政府协同发力的机制，创造了奇迹。

1978年，中国的恩格尔系数（食品支出占消费支出的比例）是60%，吃饱穿暖是头等大事。佛山乘着改革开放的东风，不断发展“家相关”产业。后来也就有了“有家就有佛山造”的说法，打造出了规模超万亿的泛家居产业集群，并拥有“中国家电之都”“中国燃气具之都”等称号。

2000年，中国的恩格尔系数是40%，买车买房成为头等大事，带动了重化工业、房地产和建筑业快速增长。佛山建材、家居等产业快速发展起来。“世界铝材看中国，中国铝材看佛山”，佛山涌现出坚美铝材、凤铝铝材等知名企业，成为全国乃至全球最大的铝型材生产基地之一。全世界众多知名地标建筑中，都有佛山制造的身影。而如今，“有超级工程就有佛山造”，港珠澳大桥、深中通道等都运用了来自佛山的产品。佛山建筑业总产值在2023年首次突破千亿元大关。

现在，中国的恩格尔系数已下降到30%以下，社会进入一个较为富裕的发展阶段。满足人民日益增长的美好生活需要正在成为佛山制造转型升级的新导向。

我们看到，佛山在坚定弘扬企业家精神、传承工匠精神的同时，还在加快推动创新赋能、数字赋能、绿色赋能，更加注重发展“硬科技”、推进绿色低碳、履行社会责任。如纺织业领军企业溢达集团首创无水染色技术，引领全国甚至全球纺织产业的“绿色革命”；华兴玻璃“咬定制造不放松”，其小玻璃容器成就了年产值超70亿元的“亚洲日用玻璃大王”；格兰仕三代传承打造国际化家电品牌，成为中国最大微波炉生产商；季华实验室、仙湖实验室聚焦不同领域，不断产出优秀的技术成果，目标都是要做顶天立地的一流创新平台。

我们看到，佛山制造把技改作为提升全要素生产率、培育壮大先进生产力、推动新旧动能转变的重要手段，从传统技改向采购、研发、生产、销售、管理等全流程延伸。AI浪潮正在席卷佛山制造业的每一个角落，机器人也在扮演越来越重要的角色。从当年美的集团收购世界四大机器人巨头之一的库卡机器人，到众多机器人骨干企业相继进驻佛山，再到如今佛山机器人产业加快冲刺千亿级集群，佛山制造正在步入智能制造、绿色制造、生物制造新阶段。

（三）

解码佛山制造，我有以下体会：

一是佛山始终坚持了“路径依赖”的战略选择。佛山制造业的过去、现在和将来始终保持着连续性、渐变性，始终没有偏离佛山工业文化、工匠基因这个“根”。无论谁来主政，无论流行什么样的潮流时尚，佛山人都会坚守自己的根。

二是佛山始终坚持“求真务实”的发展模式。不唯上、不唯书、只唯实，尊重制造业底层发展的常识、规律和逻辑，从实际出发，因地制宜地探索从离岸制造、在岸制造到全球制造的转型之路。

三是佛山始终坚持“和谐生财”的包容理念。佛山形成了政府、市场、社会和谐发力的氛围。佛山地方政府的治理能力较强，市区镇村各级政府的分责制分工明确，公共产品供给能力较强。政府部门优化营商环境、做好公共服务，通过出台政策主动帮助和推动企业转型升级的责任感、事业心、主动性很强。

四是佛山始终坚持“制度型开放”的改革精神。地处改革开放前沿，佛山是粤港澳大湾区重要节点城市和广佛极点城市，积极对标香港等地市场化、法治化、国际化的营商环境，借鉴深圳、苏州等地制造业高质量发展经验，持续组织企业家到世界各国考察游学，主动探索规则、规制、管理、标准与国际高标准规则相通相容，为制造业创新发展创造良好的制度条件和治理环境。

五是佛山始终坚持“敢为人先”的开拓精神。敢饮“头啖汤”是佛山的一大特色。1978年8月，顺德最早建立了生产牛仔裤的“三来一补”代工厂——大进制衣厂，2009年佛山最早推动了传统制造业与工业服务深度融合的高质量发展。40多年市场经济、工业经济、开放经济的发展，令佛山取得了全球最大的陶瓷生产基地以及中国最大的铝型材加工基地、冰箱生产基地、空调生产基地等突出业绩。

六是佛山始终坚持营造“开放包容”的发展环境。制造业需要吸引各种类型的人才，需要制造业上下游、产供销、内外贸一体化合作，需要引进佛山要素禀赋短缺的全球优质资源推动要素创造。佛山始终重视营造开放包容的企业文化、政治文化和社会文化环境。

七是佛山始终坚持“需求导向”的发展模式。如第一次消费浪潮引领轻纺工业发展，第二次消费浪潮引领重化工业、建筑业和房地产发展，第三次消费浪潮引领工业服务的发展，第四次消费浪潮引领技术创新、数字化和绿色化转型，在每一波全国性消费浪潮中，佛山制造业都处于发展的第一方阵。

八是佛山始终坚持“创新驱动”和“逆势而上”的进取精神。佛山工业奇迹的精髓是创新。美的、联塑、海天、溢达、华兴、伊之密等一大批企业，无论所处的是传统产业还是新兴产业，都非常注重技术创新。众多佛山企业有着一种共同气质，即把“一尺宽”的市场打出“万米深”，展现出与这座城市相契合的不畏难、敢打拼、韧劲足的精神。书中提到的一个案例给我很大的震撼，那就是邦普循环通过技术创新发展成为全国乃至全球最大的锂电池回收企业之一，这使我终于放下了对电动车电池回收问题的担心。后来我在深圳调研，了解到越来越多创新型企业开始把制造环节和功能性分支布局到佛山，这正是佛山制造的魅力所在、担当所在。它总是在人们最需要的时候满足大家的需求，并带给大家更多惊喜。

是为序。

（作者系中国宏观经济研究院研究员）

目录
CONTENTS

第五章　媒体视角　/　183

第一章 / 何为佛山制造

风从海上来，潮涌珠江口。

在珠江西岸，佛山这座仅占国土面积0.04%的城市，创造了全国经济总量1%的生产总值，在全球产业链中拥有重要一席。

佛山自古以来就是中国制造业重镇。明清时期，因制造业鼎盛而闻名的中国四大名镇当中，有的已经衰落，有的已经退化，唯有佛山工业文明不断延续，完成了从制造名镇到制造业名城的跨越和从中国走向世界的飞跃。

南风古灶里从明代开始就熊熊燃烧的炉火，至今跳跃不息，照亮了佛山这座城市根植于血脉当中的制造业基因。作为中国近代民族工业的重要发源地，佛山制造之盛，可以概括为“三五成群、十有八九”，即佛山拥有8个超千亿的产业集群，其中3个是新兴产业，5个是传统产业；制造业大类中，佛山应有尽有、十全十美，其中八成的产品会走进千家万户，九成的产业可以实现自我配套。

“世界制造看中国，中国制造看佛山，有家就有佛山造。”佛山诞生了美的、海天、格兰仕等一批经久不衰的著名品牌，是全球最大的陶瓷生产基地，中国最大的铝型材加工基地、冰箱生产基地、空调生产基地。如今，全世界25%的电饭煲、33%的抽油烟机、43%的热水器、48%的微波炉都在佛山生产，发往全球。

靠着制造业这份最厚实的家当，佛山发展成为国内极少数制造业占GDP比重超过50%的万亿城市，确立了全国领先的制造业地位。

第一节
“强悍”的3万亿

不求人生多惊奇，但许用心有妙笔。人生如是，产业亦如此。

在世界百年未有的大变局之下，被视为强国之基的制造业，也踏上了新的征途——对外是大国竞争之底气，对内则是定国安邦之基石。不论世事如何变幻，制造业都要为中国崛起挺起脊梁。

2024年初，一则振奋的消息让佛山这座制造业大市又一次在全国出圈——2023年，佛山规模以上（简称“规上”）工业总产值突破3万亿元大关，顺利晋级“中国工业第四城”，与深圳、苏州、上海共同跻身全国工业城市第一梯队。

这绝不是一个简单的数字，它具有强烈的象征意义，代表一座工业大城的不懈坚持和自我超越。

世事惊奇，无论一国、一城还是一业，皆需妙笔。

在此视野下观察佛山制造，会有不一样的感悟和发现：

这是强势突围——既非省会，也非特区，无特殊政策倾斜、以民营经济为底色的佛山，成为全国第四座“3万亿工业强市”，并立志加快迈向“工业4万亿”。这既是“凡人妙笔”，更是强势突围。

这是产业惊奇——以传统制造业起家、以中小企业为基本盘的佛山，不仅是全国唯一的制造业转型升级综合改革试点城市，创造了“有家就有佛山造”的世间美誉，也凭借“隐形冠军”集群成为“大国重器、上天入海”的重要支撑，还被誉为“制造之都”。这是产业惊奇，典型样本。

这是制造希冀——土地开发强度超40%的佛山，近年来成为战略性新兴产业布局中国、投资湾区的重要一站。广东省委、省政府还出台《关于支持佛山新时代加快高质量发展建设制造业创新高地的意见》，把佛山定位为制造业高质量发展标杆，要求建设具有国际影响力的制造业创新高地。这是制造希冀，也是未来空间。

“能打”的制造功夫

提到佛山，很多人都容易想到“中国家电之都”等美誉。这里的家电、家具、陶瓷、铝型材等产业规模庞大，美的、格兰仕、海天等企业声名远扬。的确，佛山是一座“能打”的世界功夫之城，也是一座制造功夫了得的国际制造名城，拥有装备制造、泛家居2个万亿级产业集群，产品远销100多个国家和地区。

在佛山这片总面积不到3800平方千米的土地上，遍布着1万多家规模以上工业企业、1万多家国家高新技术企业，且其制造业几乎涵盖各行各业，无论是基础雄厚的机械装备、家电家具、陶瓷建材、食品饮料等传统优势产业，还是方兴未艾的新能源、工业机器人、医药健康、新材料等新兴产业，都展现出佛山制造的强悍实力。

佛山制造有多“能打”？答案就在数据里。

2023年，佛山实现“工业3万亿”，标志着佛山制造达到一个新的高度。放眼全国，“工业3万亿”是一个难以企及的高峰，代表着制造业的顶流。这是一个“以市敌省”的巨大工业体量，放到全国30多个省级行政区中，可以排到17位左右，超过广西、云南、贵州等很多中西部省份；放到全国300多个地级以上市中，则可跻身前4名。

近年来，大江南北，围绕制造业展开的新一轮城市竞逐赛轰轰烈烈。从京津冀到粤港澳大湾区，从长三角到成渝地区，一批“万亿GDP俱乐部”城市，包括重庆、天津、杭州、泉州等，纷纷把争夺目标放在“工业3万亿”，希望借此取胜激烈的城市卡位战。率先突出重围的，正是佛山。

佛山顶住外部压力，积极应对变局。特别是在广东省委提出“制造业当家”的引领之下，佛山力撑实体经济，最终突破“天花板”，成为全国第二个、广东首个“工业3万亿”地级市。这反映的是工业规模，体现的是产业能级，印证的是综合竞争力。

在中山大学岭南学院经济学系教授林江看来，规上工业总产值超过3万亿元，是极少数城市才能到达的高度。佛山虽然是地级市，但通过坚守实体经济，久久为功，最终实现“工业3万亿”目标，对广东乃至全国都有参考借鉴意义。

一个历史性的突破

没有一步登天的云梯，也没有一蹴而就的成功。佛山实现“工业3万亿”、晋级“中国工业第四城”的底气，不仅源于长期对实体经济的坚守，也源于深植城市的工业文明基因和制造业底蕴。

在浩瀚的历史长河中，工商业发达的佛山是一个比较特殊的存在。古代的佛山，陶瓷、纺织、铸造、医药等行业鼎盛，商贾云集，有“南国丝都”“帝国铁都”“岭南成药之乡”之美誉。

早在唐宋年间，佛山的手工业、商业就已经很繁荣，到明清时期更是成了“广货”与“北货”的著名集散地，与北京、汉口、苏州并称“天下四大聚”，与湖北汉口镇、江西景德镇、河南朱仙镇并称全国“四大名镇”。到清朝末年，佛山得风气之先，成为我国近代民族工业的发源地之一，诞生了中国第一家新式缫丝厂和第一家火柴厂。薪火相传500多年、生生不息的南风古灶，就是佛山制陶业源远流长的最好见证。

改革开放以来，佛山发展成为制造业重镇，从1978年的工业总产值13.72亿元攀升至2023年“工业3万亿”，实现从量变到质变。

拥有26个国家级特色产业基地，3个国家级先进制造业集群，各主要行业本地产业配套率高达90%以上……佛山已经建立起了门类齐全、配套完善的现代产业体系，不仅领衔打造珠江西岸先进装备制造产业带、广东燃料电池汽车示范应用城市群，还有如南海区氢能、安全应急和顺德区机器人制造等国家级中小企业特色产业集群，沿链经济蓬勃发展，在全国乃至全球制造业版图中占据重要地位。

回望发展历程，佛山的工业规模多年来持续壮大，2008年规上工业总产值突破1万亿元，2016年首超2万亿元，2023年则历史性突破3万亿元大关，超越重庆，仅次于深圳、苏州、上海。

在高手如云的城市中脱颖而出，这样的突破，来之不易。对佛山这座制造业大市来说，既是城市能级的又一次跃升，也标志着综合竞争力再上一个台阶。

细看也会发现，佛山近年来的表现尤为不易。规上工业总产值从1万亿元到2万亿元的进阶，用了8年时间；从2万亿元到3万亿元的跨越，只用了7年时间，而且这个阶段经历了经济增长从高速切换为中高速的变化。

克服重重困难，最终晋级“中国工业第四城”，更显佛山制造功夫之强。

3万亿背后的3张牌

佛山制造功夫为什么能打？除了产业底蕴、底色、底气，还在于这几年佛山市委、市政府对制造业发展的全力推动、全链条扶持、全方位护航。

激活新老产业，佛山两手抓，两手都硬。

一边重构老产业，以“数改智转”推动传统产业升级。佛山不仅设立总规模300亿元的制造业转型发展基金，还大力推广“数字贷”，真金白银支持企业。一边竞跑新赛道，以“招育并举”发展壮大新兴产业。佛山以招商引资体制机制改革为牵引，大力引进新项目、大项目、好项目，加快打造年轻态现代化制造业体系。2023年，佛山招商引资超过4000亿元，2021—2023年共计突破1万亿元，其中一大批50亿级、百亿级项目挑起了大梁，为新兴产业枝繁叶茂提供了更多源头活水。

在这背后，佛山还拓展产业空间、重塑产业格局，把工业用地规模由350平方千米调整为450平方千米，并举全市之力建设佛北战新产业园和

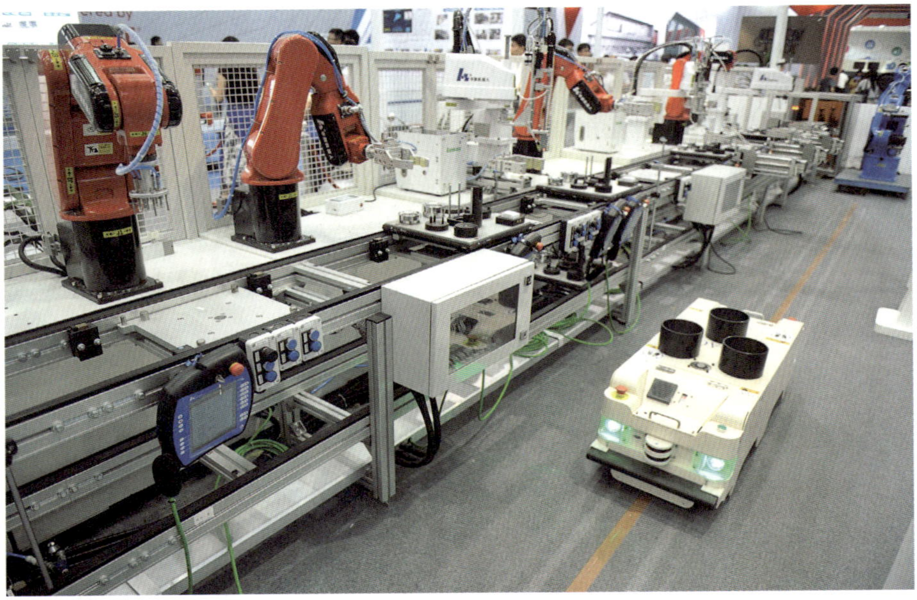

□ 佛山多家智能装备企业联合打造的智能生产示范线 （戴嘉信摄）

“双十园区”（十大创新引领型特色制造业园区、十大现代服务业产业集聚区）。正是这些有力举措，激发了佛山的产业动能，也增强了佛山的吸引力、竞争力。

总体来看，佛山之所以能够实现“工业3万亿”，很大程度上是因为手握3张牌：民营经济和制造业的“底牌”、两大万亿产业集群的“王牌”以及快速崛起的新兴产业的“新牌”。

先来看佛山的“底牌”。

作为制造业大市、民营经济大市，佛山的制造业家底厚、增势猛。2016年，佛山规上工业总产值首次突破2万亿元大关，此后三年持续快速增长，2019年增长7.0%，达到2.32万亿元。即便在受新冠疫情影响较大的2020至2022年，佛山规上工业总产值也保持稳步增长。2022年规上工业总产值较2019年增长了24%。更令人瞩目的是，在“万亿GDP俱乐部”中，佛山是少有的制造业占比超过50%的城市。强大的制造业得益于活跃的民营经济，佛山又是全国民营经济最发达的地区之一。佛山晋级“工业3万亿”，正是因为民营经济和制造业的“底牌”非常稳。

再来看佛山的“王牌”。

泛家居、装备制造两个万亿级产业集群作为佛山制造业的“王牌”，撑起了经济大厦的“四梁八柱”。在佛山3万亿的工业大盘中，传统制造业占比最重。推动传统制造业变得更年轻、更强大，佛山制造业高质量发展的脚步就会走得更稳、走得更快。这几年，“车间革命”在佛山不断发展，通过数字化改造、智能化生产，让佛山万亿产业集群更加强大。

最后看佛山的“新牌”。

这些年，佛山通过大力培育发展战略性新兴产业，“新牌”正在发挥越来越大的作用。以机器人产业为例，2022年，佛山机器人全产业链营收超过250亿元，工业机器人产量从2018年不到2000套，增长到2022年3.5万套，占全国产量的比重从1%快速提升到约8%。蓬勃发展的新兴产业，不仅是佛山实现“工业3万亿”的重要增量，更是佛山未来能否迈向“工业4万亿”，在全国城市中冲刺更高排位的关键变量。

成绩是对过去投入的回馈，也是对未来发展的铺垫。

站上“工业3万亿”的新高峰，佛山并没有止步，而是向着更高峰攀登。按照目标，佛山规上工业总产值到2030年要突破4万亿元。进入新阶段，一场有关速度竞逐、质量比拼的城市发展赛跑又开始了。

第二节
有家就有佛山造

“618”年度电商大促，是佛山泛家居产业的卖场和秀场。

佛山顺德，随着2024年“618”大促落下帷幕，美的集团公布“战果”：2024年“618”期间，延续过去多年战绩，“美的系”继续稳坐空调行业头把交椅，在淘宝、天猫、京东、抖音等平台上，其家电销售额独占鳌头。

佛山南海，林氏木业也亮出“618战报”：其品牌直播间开售后，仅用不足4小时，成交额就已破亿。不仅单场直播创造近百万观看量，在直播间跑出三款销量破千万元的单品，在抖音平台，其直播间累计曝光量更突破千万级别，稳坐全网住宅家具头部企业的宝座。

家电、家具巨头的“线上狂欢”，彰显了佛山泛家居产业的强大竞争力。改革开放以来，佛山以“家”为中心孕育了庞大的产业集群，造就了“有家就有佛山造”的美誉。

今天的佛山，拥有全国最成熟、全球最大的泛家居和建材产业链集群。这里是全球最大的电冰箱、微波炉、电饭煲、热水器、电风扇、消毒碗柜、抽油烟机、陶瓷、铝型材生产基地之一，拥有“中国家电之都”“中国燃气具之都”等众多称号，全市泛家居产业工业总产值超过1万亿元，约占全国20%的份额，产品出口全球100多个国家和地区。

毫无疑问，泛家居产业是佛山最具代表性、家底最雄厚的传统产业，经历数十年发展，形成了国内最完善的家居配套产业链，众多家居细分产业稳居国内第一梯队，产业集群规模超万亿元。

它更是佛山因地制宜发展新质生产力的主力军。新技术、新产业、新业态在这个庞大的产业集群中融合、裂变，书写“中国制造”的无限可能。

万亿集群的硬实力

美的集团和林氏木业线上连年火爆，是佛山万亿泛家居产业集群的一个缩影。

打开佛山地图，在这片近3800平方千米的广袤土地上，泛家居产业犹如繁星点点，遍布每一个角落。陶瓷、家具、家电、铝型材、五金……从龙头公司到中小企业，众多市场主体在这片制造业的热土上扎根生长，形成了一批专业镇，它们与一条强大而完整的产业链相辅相成，共同撑起了“有家就有佛山造”的市场美名。

显然，泛家居并非一个孤立存在的产业，而是一个多元化的产业集群，它涵盖了与居家生活息息相关的各类行业。在佛山，这个产业集群囊括了铝材、五金等25个细分行业，大到家具、空调、冰箱、电视、灯饰、全套瓷砖、卫浴系统，小到锅碗瓢盆、五金配件、管道、涂料，新到智能家电、全屋定制、空间美学、节能产品，佛山家居产业集群均能一一涵盖，“有家就有佛山造”实至名归。

佛山制造的历史与泛家居产业紧密相连，这也是距离“美好生活”最近的产业。从传统的制造起步，佛山泛家居产业集群已经孕育出了一大批市场新宠。

2016年以来，美的斥资大举并购，日本东芝家电、意大利中央空调企业Clivet、德国库卡机器人、合康新能、菱王电梯等一批知名企业，均被收归旗下，美的也从一家传统家电企业，升级为大型跨国科技集团，其发明专利授权量连续数年位列国内家电行业首位。

在佛山，类似美的这种从传统制造进阶为科技新贵、市场新宠的企业，不是一两个，而是一大批。

位于顺德的海信容声，在美国硅谷设立研发中心，利用硅谷的前沿技术，对音视频芯片模拟电路进行突破性设计，并成功应用于新一代智能家电产品中；德尔玛并购飞利浦水健康业务后，梳理整合了水健康产品供应链，搭建了采购、生产、仓储、物流的完整链条。

位于南海的维尚家具，依托科技信息创新成功实现家具个性化大规模定制，迅速成为全屋家具定制龙头企业；在普遍被视为高污染、高能耗的陶瓷行业，蒙娜丽莎以极致创新颠覆外界印象，继成功打造经工信部确认的"绿色工厂"后，经多年酝酿，其打造的全球首条陶瓷工业氨氢零碳燃烧技术示范量产线已在2024年9月正式投产。

如今，智慧家电、跨国并购、绿色制造这些前沿词汇，都可在佛山泛家居产业中找到样本。传统产业变身为"新贵"集群，成为佛山制造业迈向高质量发展的生动缩影。

面对这样的转型升级与产业进阶，市场也投下了充分的信任票：2024年9月17日，美的集团在香港联交所主板成功挂牌上市，成为"A+H"股上市公司，创造了港股年度最大规模IPO。此外，蒙娜丽莎在深交所上市，成为全国首家在A股上市的陶瓷企业；德尔玛、林氏木业等泛家居新秀品牌，则在电商领域迅速崛起，成了备受网友追捧的"超级网红品牌"。

勇蹚新路的佛山造

从传统制造进阶为集群"新贵"，佛山泛家居产业不仅实现了体量扩容，还迎来了从跟跑、并跑再到领跑的"逆袭"，蹚出一条传统制造转型升级的新路子。

陶瓷行业就是一个典型的例子。时间回溯至2007年，一场力度空前的环保风暴席卷佛山，陶瓷行业首当其冲。

迫于巨大的环保压力，一批又一批陶瓷企业或关停，或面临转型升级、产业转移的艰难抉择。

在这场风暴中，一批佛山陶企勇敢地站了出来，直面挑战，快步转型，忍受住了转型的阵痛，踏上了浴火重生的道路。这场前所未有的"自我革命"，如同大浪淘沙，最终历练出一支顽强而精干的陶企劲旅。

在这场变革中，鹰牌、东鹏、博德精工等建陶企业纷纷亮相国际舞台，参展博洛尼亚国际陶瓷卫浴展，收获了国际认可；新明珠则积极拥抱绿色智能制造，布局新零售，实现了企业的进一步做大做强；蒙娜丽莎大举技术创新，高性能陶瓷岩板变成现实，引领中国建陶产业岩板革命，并率先在业内登陆A板上市。

此外，迈阿密保时捷设计大厦、葡京酒店、洛杉矶国际机场、迪拜JW万豪侯爵酒店等知名建筑，纷纷采用佛山建陶，全球版图上由此显现出了“佛山建陶天际线”；新中源、金意陶、蒙娜丽莎等陶企还积极在全球布局，甚至有意大利陶企为佛山陶企贴牌生产……

回望过去，20世纪80年代初，佛山从意大利引进瓷砖生产线，开启了中国建陶工业的现代化之路。如今，佛山建陶企业已经成功逆袭，国际顶级舞台逐步认可佛山建陶，全球顶尖产区企业愿意为佛山陶企贴牌代工。这样的逆袭并非个例，而是佛山泛家居产业整体实力提升的缩影。

如今，一大批佛山泛家居企业，在智慧家电、跨国并购、绿色制造等方面闯出名堂，家电、家具、建陶、卫浴、铝型材等产业，稳居国内第一梯队，部分领域甚至世界领先，引领全球风潮。

从跟跑、并跑再到领跑，最可贵的就是持续的奋进。广东制造业隐形冠军（南海）研究院相关负责人直言，从佛山泛家居产业身上，能强烈感受到民营经济的韧劲和实体经济的顽强。这个产业基本都是从最传统的产业起家，门槛相对不高，竞争极为激烈，在这样的市场红海中闯出创新蓝海，成为强者甚至“王者”，这是最能代表佛山制造业，也最能代表企业家精神的产业。

产业IP的新探索

经历市场“混战”再“C位出道”，几乎是佛山每家泛家居企业的“标配”经历。

在相对较低的门槛里拉高门槛，在激烈的市场竞争中增强竞争力，这是泛家居产业长期所处的生存环境，也是佛山泛家居企业必须熟知的发展法则。

根据相关研究成果，在泛家居产业中最具代表性的家具、家电、建陶行业，市场集中度普遍较低，与银行、炼油、电商等集中度高的行业形成鲜明对比。这也意味着，泛家居产业“不好做，做好更不容易”。

实际上，在过去相当长的一段时间里，来自产业集群“中年危机”、行业内部“中小困局”和企业自身“订单挑战”的三重挑战，曾围困佛山泛家居产业。随着房地产政策的调整，新一轮行业洗牌已经到来。

但被动挨打从来不是“佛山制造”的气质，直面挑战、主动求变，一场新的“自我逆袭”大幕已在2023年初再次拉开。

这一年的2月，佛山泛家居产业这艘万亿航母吹响了再出发的号角：成立佛山市家居产业联合会，以空前的政企合力，凝聚起佛山泛家居产业集群中的关键力量，驱动企业从“单打独斗”走向“联合作战”。这样做

□ 佛山集聚了一大批泛家居领域的知名企业

的目的只有一个，即以打造全国首个城市产业IP，让“有家就有佛山造”从实至名归，走向家喻户晓，享誉全国，走向世界。

联合会第一届第一次全体会员大会名单显示了该联合会的分量之重：名单中共有104个单位，其中包括了56家行业龙头骨干企业和48个行业协会团体单位。这些单位涵盖了家电（厨电）、家具、陶瓷、卫浴等25个家居行业的细分领域，美的集团、维尚家具、新明珠、大自然、恒洁卫浴、鹰牌陶瓷、蒙娜丽莎等头部品牌均参与其中。通过成立联合会，这些关键力量首次被凝聚了起来，覆盖范围之广、参与力度之大可谓空前。

在佛山市委、市政府的支持和指导下，联合会积极打造国内首个泛家居主题的超级城市产业IP。整合佛山企业在百座城市超过1.1万个门店资源打造的首届“320家居节”在2023年3月打响，“有家就有佛山造”的品牌大旗“插”到了线上、线下的百城万店。

毫无疑问，产业IP的打造是一项系统工程，它不仅是佛山政企各方统筹整合资源、创新协作模式、拓展发展空间的一次重要探索，更是这个万亿产业集群为人民美好生活贡献佛山力量的一次开创性实践。前景值得期待。

第三节
企业标准“领跑者”

标准是国际规则的重要组成部分。从建设现代化经济体系视角观察，标准引领是一个国家步入高质量发展、参与高质量竞争的重要标志。

作为制造业名城，佛山加快先进标准体系建设，用高标准助力高技术创新，提升制造业的质量水平，增强经济的发展韧性和竞争力。一批领跑产品、领跑企业、领跑行业在白热化的市场竞争中逆势突围，闯出了一条标准引领高质量发展的“佛山路径”。

十分之一国家标准出自佛山

在一份针对智能坐便器的佛山标准中，有8项指标优于日本标准、8项指标优于国家标准、3项指标填补行业空白。对照这份“严苛”的标准开展生产，佛山产品将在出水温度、响应速度、智能化水平等方面“碾压”外国产品。

这是佛山构建先进标准体系的一个缩影。正如“一流的企业做标准”，先进的标准体系就是一座“一流城市”的话语权。作为全国知名的制造业城市，佛山制造也正面临“如何防范掉入老工业基地陷阱”之问。佛山制造要“再上一层楼”，比任何时候都需要先进标准的指引。

好标准是指引行动的“风向标”，“有什么样的质量”首先要看“有什么样的标准”。佛山优化标准供给结构，筑牢了标准化工作的基石。

从各类标准维度看，截至2024年10月底，佛山累计参与制修订国际标准、国家标准、行业标准4153项，制定湾区标准64项，承担标准化试点示范项目国家级22项、省级58项、市级117项，各项工作完成数量排在全省前列。每年，全国制定的国家标准有十分之一来自佛山，在已发布的66项“双新”领域重要国家标准中，佛山市参与制修订18项，占比达27.3%。

在企业标准方面，佛山全面推广企业标准“领跑者”制度，获评企业标准“领跑者”549项，数量高于北上广深，位居全国第一。目前，佛山企业标准“领跑者”覆盖家电、陶瓷、电线电缆等多个重点优势产业，六成以上企业标准“领跑者”融入专利技术。

在团体标准方面，佛山以“先进标准+产品评价+维权保障”的模式创新打造“佛山标准”，制定一批“国内领先、国际先进”的团体标准。截至2024年10月底，佛山共推动制定138项佛山标准，评价通过244家企业385个佛山标准产品，涵盖22个重点优势产业，超过350家企业执行佛山标准指标要求，打响了区域品牌，擦亮了“有家就有佛山造”的IP。

标准赋能新质生产力发展

将科技成果融入标准，可显著提升标准技术水平，推动新技术快速落地和规模化应用，加快培育壮大新质生产力，引领产业高质量发展。近年来，佛山大力推进专利转化标准，释放创新动能。

2021年以来，佛山累计推动专利转化标准470项，涉及专利2738项，推动32个专利转化标准试点项目建设，“集中推动‘专利标准化’创新模式”入选2022年广东省知识产权“十大亮点”。

用好专利转化标准，佛山为战新产业装上了“加速器”。

佛山支持企业加快将先进技术、专利转化为企业标准，形成一批填补行业空白的标准。2021年以来，佛山共推动战新产业专利转化标准数83项，涉及专利数659项，助力提升行业话语权、增强竞争力。其中，隆深机器人将专利转化为先进标准《空调底盘机器人装配线》，实现空调装配生产效率提高20%、产品不良率降低20%，近三年销售平均增长率达40.07%。

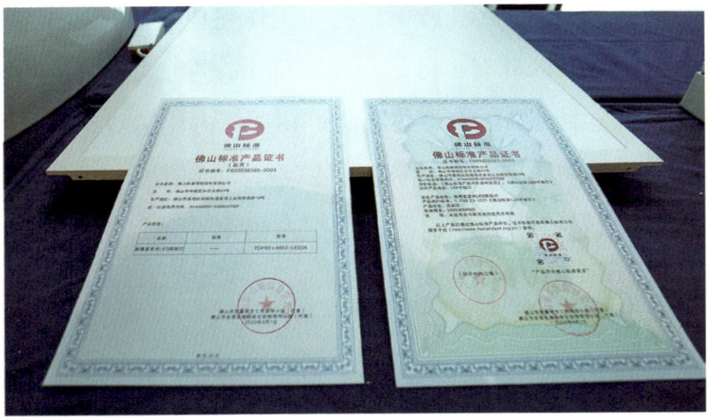

□ 佛山标准产品证书
（戴嘉信摄）

用足专利转化标准，佛山提升了传统产业的“含金量”。

解码佛山制造

佛山着重推动陶瓷卫浴、有色金属加工、家电、家具等传统产业产品技术创新和标准提升，引导企业开展标准比对、实验验证和技术研发，满足传统产业转型升级对“高标准”的需求。2021年以来，共推动传统产业专利转化先进标准数387项，涉及专利数2079项。

用活标准专利协同，佛山激活了企业创新的“新引擎”。

广东星联精密机械有限公司通过开展专利标准化试点，将101项专利技术转化为7项先进标准，实现科技创新、专利保护与技术标准互动支撑，提升产品综合竞争力。2023年，该公司研发效率从2020年的50%提高到82%，近三年营业总收入增长58%。

释放“出海+换新”推动力

从科技创新到品牌建设、市场突围，佛山探索出了一条以标准化赋能经济发展的新路子。

推动市场“拓新”，佛山正以国际标准助力企业“走出去”。佛山着力拓宽企业参与国际标准化渠道，依托龙头企业和技术机构，在家电、中药、机械装备等重点产业建设15个国际标准化专家工作室，引培国际标准化专家65人，在研国际标准达51项，举办各类国际标准化活动63次，组织召开多次“国际标准化组织—企业”交流会、对接会，实行精准培育。

通过国际标准，企业拿到了“出海”的金钥匙。不少佛山出口型企业表示，佛山优势产品、关键技术转化为国际标准，对于企业打市场、抢订单具有十分积极的作用。数据显示，佛山制修订国际标准数量稳定增长，2019年至2023年年均增长35.79%，所涉领域增长了8个，一家家电企业将新冷媒写入IEC 60335-2-40国际标准，促进相关产品销量增长了10倍以上。

全国每出口三台咖啡机，就有一台来自佛山。近年来，顺德咖啡机“火爆”全球，背后离不开标准化工作的支撑。T/FSS40-2022《佛山标准 压力式咖啡机》这份标准，规定了产品的能效、噪声、性能要求、可靠性等关键性能指标。广东新宝电器股份有限公司通过将标准落实、自主研发相结合，成为“2023年十大咖啡机出口企业”之一。

促进以旧换新，佛山正引导企业以标准提升抢占市场先机。2024年，佛山一方面针对装备制造，推动佛山市企业参与制修订资源循环、能耗、排放等重要国家标准，提升佛山市设备、消费品质量标准水平和竞争力；另一方面聚焦消费品，推进先进佛山标准、“领跑者”标准研制，着力提升家电产品舒适性、智能化水平，严格家具、五金、建筑陶瓷等产品有毒有害物质要求，以高质量供给扩内需。按照目标，佛山将争取到2027年，推动企事业单位参与制修订资源循环、能耗、排放、家居产品等领域国家标准、行业标准200项以上。

引领品牌“上新”，佛山正用标准擦亮“有家就有佛山造”。在“佛山标准”体系下，佛山建立起品牌培育、保护和消费维权保障“三位一体”的佛山标准和“优品无忧”保障机制，联合企业开展佛山标准“上央视、上电商、上高铁”系列宣传活动，实现曝光量12.14亿人次，带动产品销售超2亿元。同时，成立佛山标准产品消费者权益保障基金，推行“七天线上线下无理由退货+先行垫付+产品责任保险”三大维权保障措施，促进放心消费。

第四节
网红爆款制造机

2024年8月中旬，广东省公布2024年省级制造业单项冠军企业名单。其中，小熊电器凭借养生壶这一品类成功入选。据统计，2015年至2023年，小熊电器养生壶全渠道销量已超过3300万台，是真正的互联网爆款产品。

小熊电器是佛山制造的后起之秀。在群雄盘踞的佛山家电丛林里，它通过深挖年轻消费者的需求，借助互联网电商渠道，打造了一个又一个爆款小家电成品，迅速崛起为小家电领域的领头羊，也引领了小家电的新潮流。

看似异军突起，实则是厚积薄发。小熊电器延续了佛山制造业敏锐捕捉市场需求，持续创新产品的“功夫”。改革开放40多年来，佛山制造在不同年代都诞生出了大量的爆款产品。在互联网还没有兴起的年代，“佛山造”就通过口耳相传的好口碑，风靡全国；进入互联网年代，大量的“佛山造”产品通过网络发酵，迅速成为爆款。

佛山向来以低调务实著称，但不显山不露水背后，佛山已经成为名副其实的“爆款之都”。爆款是制造实力的体现，更是创新实力的体现。正是与时俱进的开拓创新精神，让佛山制造始终保持蓬勃生命力，成就跨越时代的“有家就有佛山造”。

延续“抢手货”基因

爆款一词产生于电商时代，起初指的是在电商平台上销量大、人气高的商品，后来泛指高销量产品。实际上，在爆款成为热词以前，爆款现象就早已存在。过去，我们常用“抢手货”来形容深受群众喜爱、畅销的商品。

而佛山，向来擅长生产“抢手货”，爆款“基因”一直都在。

早在400多年前，佛山冶铁业垄断了南方铁器市场，广锅、广钟、广针、铁钉、铁线等铁器畅销海内外，成就了其“帝国铁都”的名号。佛山史研究专家、《帝国铁都：1127—1900年的佛山》作者罗一星，用“中国制造业的顶流”来形容“佛山铸造”。明清时期，佛山逐步发展为岭南地区冶铸、陶瓷、纺织、中成药等制造业的中心，位列“中国四大名镇”之一。

改革开放后，佛山抢抓机遇，借助紧邻香港的地理优势，通过“三来一补”的加工制造业，快速在陶瓷、电子、铝制品、服装等行业站稳脚跟。

那些年，一批佛山乡镇企业开始崛起，成为市场领头羊，创造了大量年代爆款。陶瓷领域，有畅销全国的金花米黄陶瓷；家具领域，有风靡一时的联邦椅；家电领域，容声双门冰箱走俏全国市场；饮料领域，健力宝“东方魔水”成为一代人的记忆。尤其是在家居产品行业，“佛货”产量在全国名列前茅，“有家就有佛山造”也成为家喻户晓的广告语。

正是在洞悉消费需求以及创新产品和工艺方面的优势，让佛山制造业能够成为“爆款之都”。好产品成就好品牌，佛山也因此孕育了美的、格兰仕、万和、蒙娜丽莎、联邦家私等一批国内外知名品牌。

进入互联网时代，电商渠道崛起，佛山作为爆款制造机的角色依然没有改变。除了一批成熟品牌在电商渠道继续做强做大，还有一批新品牌在电商渠道萌芽成长。尤其在竞争白热化的家电领域，即便佛山已有美的、格兰仕、海信等“参天大树”，但近年来依然新秀群起：

成立于2006年的小熊电器，以一款酸奶机打开了小家电蓝海，接连开发出蒸蛋机、电热水壶等爆款，2019年成为国内“小家电品牌第一股”；德尔玛则更年轻，起步于2011年，凭借扫地机等爆款异军突起，2023年成功登陆A股市场。

它们在互联网时代讲述了新的佛山爆款故事，绽放着佛山制造的活力青春。

□ 小熊电器凭借着高颜值新功能的小家电快速开拓市场，多款产品成为互联网爆款（戴嘉信摄）

电商时代的“Made in Foshan”

实际上，很多广为人知的网红爆款，都有一张佛山“身份证”。

打开小红书，搜索复古咖啡机，排名靠前的几款“网红”，产地多数指向同一个地方——佛山；打开京东，搜索空气炸锅，热搜前五的产品有四个是佛山品牌。电炖锅、榨汁机、干衣机等高热度家电产品，都少不了佛山制造的身影。

低调的城市与高调的爆款，构成佛山这座城市独特的“哲学平衡”。

要知道，佛山既不是省会，也不是计划单列市，没有广州、深圳、杭州、长沙、成都等地的知名度与出镜率；但是佛山又频频出圈，不仅有武术之城、美食之都的闪亮名片，还是制造名城，尤其是在家电、家具、建材等领域，长期“霸榜”。

互联网时代，“Made in Foshan”依然是“抢手货”。缘何佛山能跨越时代，持续创造爆款？

著名经济学家周其仁曾形容佛山企业家是打“地面战”的高手。在市场的“搏斗”中闯出来的佛山企业家，总是能快速顺应市场变化，洞悉消费群体的新需求，找到触达消费者的渠道，最终将产品送进千家万户。

过去，在线下卖场中赢得顾客光临的品牌，如今，在互联网上，也成了最会“种草”的品牌。“种草”同样是电商伴生词，指在网络上分享推荐某一商品的优秀品质，以激发他人购买欲望。

小熊电器创始人李一峰就形容自己是“种草人”，他种的“草”，就是能够满足消费者细分新需求的新单品。近年来，抖音、快手、小红书等社交新平台成为年轻人的“聚集地”，小熊电器利用社交新平台发起的一系列创意互动和数字营销，触达Z世代年轻人群。

频出爆款的佛山企业，大都是“种草”高手。除了布局“两微一抖”、快手、小红书等平台，近年来，在受年轻人喜爱的综艺节目中，也经常可以看到佛山品牌作为赞助商出现。比如，调味品龙头海天味业，就先后冠名过《青春环游记》《脱口秀大会》等热门综艺节目。

在直播、短视频领域，佛山企业也有领跑者。在2018年，视频行业方兴未艾之时，尚品宅配就在行业内率先布局了MCN机构，成功孵化了达人“设计师阿爽”，令其在全网拥有超过4000万的粉丝，成为家居行业的绝对头部达人。

社交分享类App的崛起，也给了很多小企业、小工厂打造爆款的机遇。除了林氏家居、小熊电器这样的大型企业通过社交分享类App营销获取高流量，还有一批佛山小企业在社交分享类App上做起了营销，收获了粉丝、流量和订单。

不管是在卖场时代还是互联网时代，佛山企业始终保持着创新精神与探索精神，主动挖掘需求，依托佛山制造雄厚实力及快速响应能力，以优质产品响应需求，源源不断地创造爆款。

从网红走向“长红”的关键

网红经济总是带有快速迭代的特点，爆款产品会不断变化，能够持续推出爆款的企业，才能从网红走向“长红”。对于能够持续制造爆款的佛山企业来说，创新是长红的关键，研发投入是支撑创新的密码。

近年来，一个显著的趋势是，佛山企业纷纷加大研发投入占比。比如，2021年至2023年，美的集团研发投入合计超过390亿元，其中2023年研发投入超过140亿元。此外，2024年上半年研发投入超过76亿元，同比增幅超过15%。2023年，新宝电器研发费用由4.79亿元增长至5.55亿元，同比上升15.69%，研发人员也由2683名增长至2841名。

同时，佛山企业也更加注重在工业设计上发力。工业设计是创新链的起点，有“金手指”之称。在过去，工业设计在制造业中往往是配角，但近年来，工业设计已经逐步走向主角，在响应市场需求、打造爆款产品方面发挥着重要作用。

“在2016年以后，嘉腾每推出一个产品，都会导入工业设计。”广东嘉腾机器人自动化有限公司副总裁陈洪波说。作为全球领先的AGV机器人与智能物流系统提供商，嘉腾打造了“大黄蜂”“小白豚”等多款爆款AGV产品。2016年，“大黄蜂”和“小白豚”两款机器人获得了有“工业设计界奥斯卡奖”之称的德国红点奖，一举打响了嘉腾在业内的名气。

如今，嘉腾每年都大力投入资金发展工业设计，并与佛山工业设计企业达成长期合作。在嘉腾，2023年包括工业设计投入在内的研发投入占营收比例达到16%。

佛山市政府持续加大了对创新研发的支持。2023年3月，佛山发布的《关于高质量推进制造业当家的行动方案》中提出，要坚持技术为王、创新引领，明确到2030年R&D经费投入强度要进入先进行列。佛山财政将每年安排不少于2亿元作为研发费用后补助资金，并推动年产值10亿元以上制造业企业全部建立研发机构。

爆款是现象，创新是本质。一座追逐创新的城市，必定能找到基业长青的密钥。

第五节
超级工程佛山造

伶仃洋上，太平洋的风吹过。空气中的一群水分子穿越港珠澳大桥，经过深中通道后继续前进，很快在佛山停下了脚步。

这座“中国工业第四城”，总能触摸到世界最前沿的风向。在很多人印象中，佛山制造以传统的泛家居产业为主。但实际上，从2018年通车的港珠澳大桥，到2024年6月底通车的深中通道，再到许多个这样的超级工程里，总能看到佛山制造的强大力量。

为跨海大桥的钢桩打造液压锤、为海底隧道穿上“超级防火衣”、为海上人工岛提供高标准铝材、为中国空间站的航天员提供微波炉、为世界级机场提供空调方案、研发全球首颗100公斤0.5米分辨率光学成像卫星……这其中有佛山传统产业焕新升级的战果，也有战略性新兴产业孕育的新功。

“可上九天揽月，可下五洋捉鳖”——用来形容佛山制造并不为过。佛山为一个个超级工程贡献了力量，一个个超级工程也见证了佛山作为“中国工业第四城”的一次次突围。

深中通道的佛山元素

大国重器和超级工程频频上新，佛山制造往往是其背后少为人知的神秘力量，尤其是在深中通道的建设中，佛山制造展现出强大的硬实力和创新力，成为这座超级工程的重要支撑。深中通道是集桥、岛、隧、水下互通于一体的世界级跨海集群工程。佛山制造的创新力，首先体现在深中通道建设所需的新材料上。

其中，全长6.8千米的海底隧道，被称作深中通道“皇冠上的明珠”。广东奇雄新材料科技有限公司设计研发的高性能防火隔热气凝胶复合材料，被应用在海底隧道的钢结构框架上，保护其免受极端高温燃烧的破坏，相当于为它穿上了一件“超级防火衣”。

“这款材料能挡住上千摄氏度的高温。”广东奇雄新材料科技有限公司董事长蒋奇西表示，高性能防火隔热气凝胶复合材料仅有1厘米左右的厚度，但具有很强的防火隔热性能，很好地保护了海底隧道天花顶上的钢结构框架，避免钢框架因上千摄氏度的高温、长时间的烧烤而软化坍塌。

除了防火隔热，超级工程里的防水耐腐工作，也用到了佛山制造的方案。

科顺股份为深中通道东人工岛及其相关工程提供了总计18万平方米的高性能预铺高分子防水卷材、180吨喷涂聚脲防水涂料和30吨水泥基渗透结晶防水涂料。

其中，在东人工岛隧道工程中，科顺的防水材料被应用于底板和侧墙，顶板则采用喷涂聚脲，成功应对了高地下水位、水压和海水侵蚀等挑战，确保了工程的防水质量。

这些应用在深中通道上的新材料，都有着相当高的科技创新含量。这打破了以往人们对佛山建材只有瓷砖、铝材、木地板的刻板印象，也体现了佛山泛家居产业攀高向新发展的勃勃生机。

支撑深中通道的，不仅有尖端建材、机械，还有佛山高校的科研智慧。

在深中通道建设期间，佛山大学交通与土木建筑学院的团队对深中大桥东、西锚碇的深基坑基底摩阻力进行了现场监测和力学性能研究，为确保混凝土浇筑过程的安全性提供了科学依据。

“这是一项世界性的桥梁建设工程，不仅整体规模宏大，而且由于深中大桥东、西桥梁锚碇的位置都远离陆地，在锚碇地下基础的处理时，开挖了近42米的基坑，采用地下连续墙建设。如何在双圆形锚碇基础有效布置监测点，准确监测桥梁锚碇在承受荷载力时，产生的位移变形情况，是课题研究中的一个重要议题。”佛山大学交通与土木建筑学院教师刘慧芬说。

该团队还与上海远方基础工程有限公司合作，共同研发并应用了玻璃纤维锚杆边坡支护技术。该技术不仅提高了工程的稳定性，还显著降低了施工成本。

夜幕下的深中通道，如一条金色巨龙，盘桓在伶仃洋的海面上。夜航的水手们，远远就能看到深中大桥的亮光。

这是深中通道的光彩，也是佛山制造为“超级工程”提供运维保障、安全守护的光彩。

深中通道建设过程中，佛山电器照明股份有限公司为其提供了LED照明灯具超3.7万套，不少产品为根据深中通道的环境量身开发定制，并且所有灯具均由智慧照明系统控制，为桥梁全线打造安全、节能、智慧的优质光环境。在此之前，佛山照明作为66年历史的“中华老字号”，也参与了白云国际机场等一系列重大工程的建设。

看得见的地方，有佛山制造的灯光点亮。看不见的地方，同样有佛山制造在默默地守护，见证着佛山制造的实力跃迁。

来自南海九江的广东永泉阀门科技有限公司是中国领先的阀门产品制造企业。作为深中通道供应商，永泉阀门为其供应阀门8687台。其中DN100FM认证可调节减压阀630台，为隧道里消防系统提供了稳定而可靠的水流压力，保证了正常情况下的快速响应。其储能式液控缓闭止回蝶阀，也在雨水泵房、东西两岛越浪泵房中承担着重要角色。

花费巨资修建一座跨海大桥，最重要的是让车子在上面跑起来。跨海大桥“前不着村后不着店”，要让汽车在上面跑得顺畅，智慧高效的指示标志必不可少。这些设备在城市里很常见，但是普通设备面对风高浪急的桥身、深邃复杂的海底隧道，难以稳定运行。

面对这种情况，新型显示装备就可以发挥重要作用。而佛山，在这方面有着产业集群优势。

位于佛山三山显示制造装备产业园的佛山市青松科技股份有限公司，

是深中通道可变信息情报板设备的核心供应商。从2000年创立以来，该公司就在数字信息交互领域深耕，曾服务过港珠澳大桥、挪威海底隧道Ryfast项目等众多难度、技术含量“双高”的世界级工程。人们在深中通道上看到的数字交通指示屏，很多就来自佛山青松。

为确保系统平稳运行，保障安全的行车环境，航天柏克（广东）科技有限公司还为深中通道定制了智慧高速电源解决方案，满足智慧高速公路全路段高功率密度、高可靠、高品质、高环保的用能需求，通过智能化管理提高各系统设备运营效率。

值得注意的是，海上大桥一旦出现紧急情况，及时高效的道路清障工作很有必要。粤海汽车被称为中国清障车领域的第一品牌，多次蝉联全国清障车年产销排名第一、清障车市场保有量全国第一、清障车出口量全国第一。深中通道开通后，粤海清障车也正式登上大桥，为其后续运营执行保障任务。

超级工程背后的硬支撑

过去，人们常说“有家就有佛山造”。如今，“有超级工程就有佛山造”也逐渐成为现实。

在这背后，是佛山雄厚的制造业基础和优势。近三年，佛山建筑业总产值保持每年近百亿元的增长速度。2023年，佛山建筑业总产值首次突破千亿元。

近年来，佛山持续推动“制造+建造”深度融合、协同发展。这加速了产业朝着高端化、智能化和绿色化发展，使得更多佛山的先进材料和技术方案，在超级工程中崭露头角。

比如，美的中央空调为北京大兴国际机场能源站提供定制化解决方案，为航站楼及主要配套设施等约142万平方米区域提供冬季供暖和夏季供冷；坚美铝材的铝合金门窗型材和吊顶天花装饰型材，被应用在港珠澳大桥口岸旅检大楼等工程上；凤铝铝材为港珠澳大桥生产的氟碳涂料具备与众不同的耐热性、耐低温性和耐腐蚀性，并采用了比传统三涂工艺更进一步的四涂工艺，适应严苛的海上环境。

在超级工程建设过程中，更少不了佛山制造的高端机械参与。在国内建材行业，到处都可以看到科达泵的身影，市场份额占70%以上。良好的性能让科达的高端液压泵在包括港珠澳大桥、上海洋山港大桥等国家重大工程中得到应用。港珠澳大桥作为全世界最长的跨海大桥，设计寿命达120年，这对于施工技术提出很高要求。桩基项目作为整个工程的基础，就应用了科达洁能研制的高端液压泵产品。

在港珠澳大桥上，广东申菱环境系统股份有限公司提供了高端定制的环境作业保障设备，包括80多台耐腐蚀型风冷单元机及10台耐腐蚀型全新风屋顶机，用于检验A/B区、配套办公区、货检区、交通连廊等各区域，为该项目提供舒适的环境保障及新风需求。

任何一个超级工程的使用者都是人，最终也要服务于人的安全、舒适，而这正是“有家就有佛山造”的强项所在。

在港珠澳大桥的珠海口岸，佛山蒙娜丽莎瓷砖累计用量超过10万平方米；在楼高492米的上海环球金融中心，佛山东鹏瓷砖的银河石产品广泛应用于其公共空间；在中国第一、世界第三的旅游观光塔广州塔，防火排烟系统、防火吊顶系统由佛山新元素板业打造；在杭州亚运会场馆，佛山合和建筑五金参建并提供近10万套五金产品……

参与一个个超级工程，不仅是佛山传统优势产业转型升级、新兴产业加速崛起的实力显现，更是彰显佛山千亿产业、万亿集群的向上进阶。

上天下地入海的佛山制造

佛山制造在广泛参与一系列国家重大基建工程的同时，也开启了“星辰大海”的新征途。

仰望苍穹，距离地球500千米的某个轨道上，一颗名叫“佛山一号”的卫星，将佛山与太空连接了起来。

□ 坐落在顺德伦教的中铁华隧公司 （资料图片）

2021年4月27日，在太原卫星发射中心，长征六号运载火箭成功将佛山一号卫星送入预定轨道。该卫星由佛山季华实验室联合耕宇牧星（北京）空间科技有限公司，历经18个月研发出的全球首颗100公斤0.5米分辨率光学成像卫星，其多项核心指标及其关键技术居于国际领先水平。

如今，在季华实验室展厅里，LED显示屏播放着“佛山一号”传回来的卫星图，地面上的一棵树、一间房、一辆汽车都清晰可见。

遥远的太空，不仅有佛山的卫星，还飘着家乡的味道。近年来，由佛山企业格兰仕研发制造的航天微波炉进入中国空间站，为一批又一批航天员提供美味热乎的饭菜，让中国航天员在太空用上微波炉。

从太空俯瞰，C919国产大飞机蓄力起飞、冲上云霄，保障电力的稳定供给事关飞行安全。在位于禅城区张槎街道的一处不起眼的车间里，藏着我国国产大飞机稳定电力的秘密。作为业内重要企业，航天柏克为中国商用飞机有限责任公司提供供电解决方案，保障国产大飞机的研发、组装等关键系统的电力安全，助力C919首飞。

佛山通宝精密合金股份有限公司则为航天飞行器提供了关键零部件。早在2002年开始，通宝精密的产品就被应用于国家级的航天项目。神舟四号、神舟六号、天宫一号、嫦娥三号等，多个国家级航天项目都应用了通宝精密的双金属片产品。

此外，航空航天的整个配套服务系统，包括机场在内，都需要强大的电力保障。佛山市新光宏锐电源设备有限公司就切入了这一领域。这家提供UPS航天行业系统解决方案的企业此前透露，其方案已成功应用在昆明长水国际机场。

回到地面，坐落在顺德伦教的中铁华隧公司一派繁忙，全国首台三模盾构机中铁820号就在这里组装下线。这些宛如钢铁巨龙的大国重器深入地下，攻群山、战长隧、穿江河、越海洋，钻出一条条隧道，助力广州地铁七号线二期、深圳妈湾跨海通道等重大工程建设。

拥抱浩瀚的海洋，佛山制造同样活跃。

粤西阳江海域，尽管风大浪大，但精铟海工的海龙兴业号风电安装平台如履平地，吊臂将一个重达200多吨的叶轮缓缓上升至100多米高空，与海上风机机舱精准对接。在其研发过程中，精铟海工将风电安装运维平台的桩腿形式改为桁架式，使之能在较深的淤泥之中自由插桩拔桩，让安装平台可以直接站立在海况复杂的海域进行海上作业，最终创下多个国内之最。

在南极冰洋里，中国最大的极地科考船“雪龙号”破冰航行，离不开万里之外的中南机械生产的柴油发动机共轨单元。一同出海的还有中南机械与中海油服联合研发的“璇玑”系统，目前已应用于东南亚和中东等国家和地区并首次推广至非洲，极大地加速了乌干达油田开发进程。

再深入海底，奋斗者号全海深载人潜水器在黑暗的包围中射出一道道光芒。这是佛山照明参与开发的LED深海照明装备，可以抗万米深海的水压，并照亮10—20米的范围，成功打破国外垄断，助力深海科考活动的顺利开展。

从航空航天到地下开发再到海洋作业，这些应用场景无一不对技术、

□ 精铟海工自主研发投建的海龙兴业号风电安装平台 （企业供图）

工艺和品质要求极高，佛山企业凭借“硬核”的实力，成功“上天下地入海”，不断拓展了产品应用的广度、高度和深度。

佛山一号卫星历经18个月，克服诸多困难横空出世；中南机械破解“璇玑”系统零部件的加工难题，助力突破卡脖子技术难题；佛山照明摆脱深海照明装备进口依赖，实现国产化替代……

这是一个个自主创新的动人故事，也是佛山制造不断攻关核心技术的真实写照，是中国制造从大到强的生动注脚。

第六节
制造业“常青树”

怎样的企业，才能在大变局中长久繁荣、基业长青？关于这道命题，佛山有自己的解法。

佛山的辉煌成于企业，也盛于企业。美的、海天、健力宝、格兰仕、万和……在历史发展的每个时期，都涌现出一批家喻户晓的标杆企业和知名品牌。

时代发展的洪流滚滚向前，企业的兴衰更替是常事。但佛山企业总能穿越周期，穿越风雨，穿越边界，成就“有家就有佛山造”的誉满全球，也铸就佛山“中国品牌之都”的坚实根基。

“前浪”不息 “后浪”奔涌

禅城区石湾镇里，建于明代正德年间的南风古灶，500多年来生产不断，窑火不绝。作为世界上连续使用至今最古老的柴烧龙窑，它已经被载入吉尼斯世界纪录。

同样是数百年前，佛山铁器已成为一个“国家品牌”，是明清两代重要的战略物资和出口产品。而佛山则曾是明清两代举国瞩目的铁制品铸造业中心和贸易中心，繁荣程度一度超过广州。

在传承中走来，在创新中发展，这是佛山制造长盛不衰的密码。回顾佛山工业的发展历程，其实就是“前浪”“后浪”齐奔涌、在不同历史时期标注发展新高度的过程。

时间拨回到20世纪30年代，以顺德糖厂为代表的佛山企业开启了艰苦

□ 500 年来窑火不绝的南风古灶，是佛山制造生生不息的印证　　（戴嘉信摄）

创业的征程，成为佛山现代工业起步的重要源头。到了20世纪五六十年代，乐从供销集团、顺德酒厂、广东锻压机床厂、美的、海天味业、佛山照明等初露峥嵘，佛山现代工业发展燃起了星星之火。

改革开放后，与吃饭、穿衣相关的民生产业蕴藏巨大商机，敢为人先的佛山人抓住机遇一跃而起，创造了一个又一个“中国第一”：1978年，全国首批“三来一补”企业——大进制衣厂在容奇诞生；1979年，桂洲柴油机配件厂（桂洲第一风扇厂前身）试制出全国第一台吊式电风扇；1983年，珠江冰箱厂的工人们“敲打”出中国第一台双门双温电冰箱；1984年，来自佛山三水的健力宝作为“中国代表团的首选饮料”征战洛杉矶奥运会，首次在世界舞台亮相；1986年，桂洲电器制品厂试制出了国内第一个直筒式自动保温电饭锅……

此时，格兰仕、科龙、康宝等乡镇企业雨后春笋般迅速崛起，及至20世纪90年代，万和、联塑、科达等佛山民营企业加速布局全国，撑起了“广货北伐”主力军团的大旗。

至1992年，佛山地区乡镇企业达64 474家，总产值达284.57亿元，占据佛山工业经济的“半壁江山”。在全国评选的十大乡镇企业中，顺德共有5家企业入选，占据名单一半。在乡镇企业的带动下，南海、顺德发展势头迅猛，与东莞、中山一起被称为广东经济“四小虎”。

进入21世纪，伊之密、德尔玛、小熊、宏石激光等一批新生代的企业，抢抓全球新一轮技术变革的潮流，推动佛山产业迈向高端化。

如今的佛山，不仅拥有美的、东鹏、蒙娜丽莎等家喻户晓的国民品牌，还拥有作为“现代产业金融中心”的广东金融高新区，占据珠西地区半壁江山的装备制造市场，全国集聚度最高的机器人产业，成为佛山制造业吐故纳新的生动诠释。

正如著名经济学家周其仁所说，研究产业集群不光要看“大树”，还要多看“草”“灌”企业。一个地区的企业厚度是很重要的，只有一至两家大企业的城市前景并不乐观，反之后浪推前浪的城市才能永远生机勃勃。

在名企璀璨的背后，是佛山陶瓷、家电、铝型材等产业的集群式崛起。“佛山陶瓷”深受市场信赖；北滘家电产业产值约占全国家电业总产值1/10；禅城“张槎针织”区域品牌丝光棉针织服装年棉纱交易量占全国

□ 格兰仕工业 4.0 示范基地智能制造生产线

1/4，处于行业领先地位；“南海铝材”区域品牌产销总量占全国建筑类铝型材产值的30%，造就了凤铝、坚美、伟业等一大批民族品牌。

“有家就有佛山造”名副其实。数据显示，如今佛山生产了全球25%的电饭煲、33%的抽油烟机、43%的热水器、48%的微波炉，是全球最大的陶瓷生产基地，中国最大的铝型材加工基地、冰箱生产基地、空调生产基地等。

集群引领　共生共荣

持续成长，对企业来说并非易事。中国企业联合会自2002年起，连续22年发布中国企业500强榜单。然而，持续在榜企业不足百家，落榜企业数以千计，“存榜率”不足20%。美国企业500强也是如此，自榜单发布的60多年间，持续在榜企业不足十分之一。

研究佛山企业军团如何保持旺盛的生命力，“中国家电制造业重镇”北滘是一个最好的样本。产业集群中有一个重要的理论“增长极”，指一种起支配作用的经济单位，当它增长或创新时，能诱导其他经济单位增长。在北滘家电产业集群中，全球知名的家电巨头美的集团无疑就是这个“增长极”。

从20世纪80年代转产电风扇，创下年销售额300万元的佳绩，到后来的产权改革“靓女先嫁”，开拓海外市场，美的在家电产业上的重要动作，都对集群发展产生着重大的拉动作用，并带动了一批以风扇、空调器、微波炉等产品为主的企业在北滘崛起。

作为增长极，美的不只是一个引领者，某种意义上也是孕育者，孕育出一批“草”“灌”中小微企业。数据显示，美的光在顺德本土就有一级供应商400多家，而美的空调的1000家合格供应商，与北滘近800家企业存在供需关系。这意味着，光美的一家企业，就为北滘集聚了一大批家电及其配套企业。

正是这些供应链企业集聚周边，在良性的竞争下，保证了美的成本的最小化以及反应的快速性；美的提出的需求，也有企业能快速“接招”研发，提前“试错”，使美的节省成本少走弯路……

一个龙头企业，一批知名企业，数百家供应企业，这样的产业集群犹如热带雨林，打造出一个完整生态闭环。

如果说北滘是巨头引领，龙头与集群企业共生共荣，那么面对复杂多变的外部环境，南海则是用长期主义穿越周期，用对“隐形冠军”不变的重视、不变的培育、不变的挖掘，以及冠军企业自身不断的传承进化，共同塑造最大的确定性。

从2017年开始，南海持续开展寻访“隐形冠军”企业活动。南海冠军企业坚持把“一尺宽”的市场打出“万米深”，积极求新求变，展示出强大的韧劲。

行业好，不代表企业可以躺赢；行业冷，也不代表企业会躺下。在家具行业，科智美踩准跨境电商风口，把一张办公椅卖成全网销冠，诠释了传统制造业的韧性。

规模大，不代表企业就强；规模小，也不代表企业就弱。在机床行业，原点智能通过破解卡脖子技术，成为新赛道中小而美的黑马，诠释了何谓产业链上的“明珠”。

成为冠军，不代表就是终点，它还可以是新的起点。中鹏在应用场景的创新中，成就了另一个冠军；承安在父子交接班中，再造环保设备小巨人；宝索在全产业链布局中，造就造纸设备的另一个第一。这种“冠军生冠军”的现象，诠释了南海制造的生生不息。

企业高质量发展是在能力和时间两个维度取得的双重胜利。佛山制造业“常青树”，用能力跑赢了时间，构建起千军万马奔腾的产业丛林。

制造业是百业根基，是一个地方经济发展的主引擎。改革开放40多年来，既不属于省会或计划单列市，也不沿海、不沿边的佛山，正是因为紧紧抓住了制造业这个产业之本，经济才得以迅速崛起。

从中国制造走向中国智造，佛山不仅勇当中国制造的先锋，也成为中国制造的新代言人。2023年，佛山规上工业总产值超过3万亿元，成为“中国工业第四城”。

可以说，佛山是观察中国制造的最佳窗口。坚守实业、坚守内生、坚守市场推动佛山模式不断创造“草根”传奇。佛山在民营经济、实体经济领域的特点和探索，对于中国大多数普通地级市推动制造业发展具有示范意义。

佛山制造走的每一步都伴随着中国市场经济发展印记。佛山式发展道路带来的启示是，市场经济能够改变佛山，也能改变更多的中国城市。

第二章 / 何以佛山制造

改革开放的生动实践为企业家精神的成长提供了广阔平台。何享健、梁庆德、庞康、卢础其、叶德林……佛山改革开放的历史，既是企业家群体创新创业的历史，也是企业家精神不断成熟的历史。正是因为有了这些敢为人先、扎根实业、扎根本土的企业家，发展中的不确定性才会变成一种机会，市场中的惊涛骇浪才会变成一种机遇。

“宁可放弃一百万利润的生意，也绝不放弃一个对企业发展有用的人才。”佛山的企业家群体以低调务实著称，但求贤若渴的态度远近闻名。佛山的城市发展史，也是一部人才与企业共舞，城市与人才共荣的奋斗史。

企业家精神是民营经济的活力源泉，工匠精神是制造业的核心驱动。自2016年在全省率先命名大城工匠以来，尊崇工匠精神、追赶工匠的步伐已在佛山大地蔚然成风，日益深刻地塑造着这座城市的精神面貌。

从佛山制造到佛山智造，佛山民营经济之所以兴旺不衰，政府与市场的交叠耦合，城市治理者和企业家力量的和弦共振功不可没。纵观改革开放40多年，历届佛山党委、政府始终坚定为企业打造一流营商环境，营造全社会尊重创新、尊重企业家、尊重人才、尊重工匠的和谐氛围。

在富有远见的企业家带领下，敢于创新的人才和精益求精的工匠踏上高质量发展新征程。他们不仅是佛山制造“基业长青”的奠基者，更是引领佛山制造转型跨越的开拓者、搏击者，也是佛山最宝贵的资源和最核心的竞争力。

第一节
天下英才聚佛山

新一轮城市竞合，谁能站上浪潮之巅？答案就在于人才。

放眼国内外，各大城市早已摸清楚，城市的核心竞争力本质在于人才：人才众，则竞争力强。

近年来，佛山坚持制造业当家，推进新型工业化，积极升级传统产业、培育新兴产业、布局未来产业。

各项围绕全市的重大战略布局，都少不了人才的身影——引领重大科技创新的领军人才、发展新质生产力所需的高层次人才、推动传统产业转型升级的技能型人才……

如今，新一轮科技革命和产业变革孕育兴起，科学技术日新月异，任何优势产业、领跑技术随时有可能被赶超、被淘汰。早早意识到这一点的佛山，进一步加紧深化人才体制机制改革的脚步，倾力打造近悦远来的人才发展环境。

2022年，佛山在全省地级市中首次以城市之名为企业家与人才设立节日；2023年，首次在官方层面发布“功夫传天下　英才聚佛山”的人才工作口号、重磅推出“2+N”人才新政体系；2024年，佛山首次评出并表彰企业发展、科技创新、十大传统文化年度人物……稳扎稳打的人才工作，成效显著。

集聚一大批创新创业人才，是佛山制造生生不息的密码。佛山全市人才总量已超245万人，领军人才超400人，博士超7000人，技能人才128.8万人（其中高技能人才45.1万人）。

□ 佛山在全省地级市中率先设立企业家日和人才日 （戴嘉信摄）

随着人才结构持续优化，佛山的成绩也更加令人瞩目：2023年，全市规上工业总产值迈上3万亿元新台阶，年轻态现代化制造业体系建设取得积极进展。

珠江西岸，制造之都光芒耀眼。随着人才的规模、质量、结构不断优化提升，佛山乘风破浪的脚步将更加铿锵有力。

人才肱骨挺起制造脊梁

爱拼才会赢。

以制造业闻名于世的佛山，背后少不了一群敢闯敢拼的人才。

过去的佛山，是岭南文化发源地、全国“四大名镇”之一、天下“四大聚”之一，人才辈出，能工巧匠云集——

明清时期，“九佬十八匠”走街串巷，小到缝衣补袜、缫丝纺织，大到冶铁铸造、盖房修屋，匠人们成就了佛山镇比肩广州的经济体量，开启了珠三角经济发展史上著名的“广佛周期”。

目光转向近现代。西樵山记得这样一群人的风采：陈启沅、詹天佑、康有为等一批民族企业家、实干人才在历史上留下印记。

改革开放后，全国各地人才“孔雀东南飞”，广东因他们而变得生机勃勃、风生水起；“星期六工程师”化脑力为生产力，让智力和技术资源触达工厂最前沿，至今还为人们津津乐道。

他们来自五湖四海、各行各业，在近3800平方千米的土地上挥洒汗水，成就梦想，促成佛山成长为GDP万亿之城、全国第四座“工业3万亿”城市。

可以说，人才是佛山的“肱骨”，挺起了这座岭南名城的制造脊梁。

佛山始终把发展制造业作为重中之重，始终实施好创新驱动发展战略，加快建设制造业创新高地。从近年来佛山的人才引进方向、培育策略可以看出，聚焦制造业发展需求，佛山高度重视企业家和各类人才群体。

围绕全市发展战略布局，佛山高水平建设“一区一园一城”科技创新高地、“双十园区”、佛北战新产业园等。这些正在改变佛山未来的大平台、新阵地，都迫切需要人才，也为人才在制造业当家的舞台上提供了施展拳脚的空间。

2024年9月26日，国内首条陶瓷零碳燃烧量产线在佛山南海投产，引发全国瞩目。次日，佛山便举办企业家大会和人才发展大会，向企业家、人才致敬，在全社会弘扬企业家精神，营造礼遇人才的浓厚氛围。

城市与人才的双向成就，在此刻得到了极大彰显。

不少人才在公开报道中都曾透露过，作为制造业大市，佛山产业链完备且制造业应用场景丰富、创新需求旺盛，为科研成果产业化提供了良好条件。

以产业为例，佛山形成了“三五成群、十有八九”的产业格局，工业体系门类齐全，制造业集群化、规模化特色明显，涌现了美的、联塑、格兰仕等知名企业，建筑陶瓷、空调、冰箱、微波炉等产量世界第一，“有家就有佛山造”誉满全球。

在佛山，人才相当于找到了一个创新创业的“富矿”。

尤其是近三年来，佛山围绕政策、平台、服务、环境等要素，掀起了一场人才体制机制的深刻变革。从搭建园区平台到构建人才生态，从优化审批流程到完善服务机制，每一次突破创新都释放出强烈的信号：佛山制造业，离不开人才。

创新密码解锁繁荣之道

潮起潮落，大浪淘沙。

繁荣一时可能是机遇使然，一直繁荣就一定暗藏密码。

1978年的佛山，地区生产总值只有不到13亿元，到了2023年，这一数值达到1.33万亿元。45年增长1000倍，佛山有什么密码？答案或许是创新。

先看几个例子——

邦普循环，杨云广率队独创的定向循环DRT技术，在全球废旧电池回收领域率先破解了“废料还原”的行业难题，镍钴锰回收率达99.6%，锂回收率达91%。

汉腾生物，产能达2000升的大分子生物药生产线正加速运转。在国内创新药行业短期承压的当前，沈潇却让汉腾生物逆袭突围，逐步走向全球，成为国产创新药的商业化引擎。

在肯富来，吴泰忠等人自研的单级双吸离心泵，被卖到了世界各地，且产品效率全球领先，是名副其实的“单项冠军”……

杨云广、沈潇、吴泰忠等创新型人才，让佛山制造声名远扬，让佛山品质出圈出彩。

创新并非凭空而来，为了打破人才创新路上的一切障碍、吸引更多创新人才到来，佛山也打出了一套创新“拳法”。

从机制看，佛山正加快建立以人才为中心的协同创新机制，围绕产业链部署创新链，围绕创新链完善资金链，打造开放协同高效的创新环境。

2024年以来，佛山积极推动科技成果从“试验场”走向“大市场”，有效解决科研与产业“两张皮”的问题，发挥中试平台对人才的“磁场效应”。

从高层次人才团队引进看，佛山以培育新质生产力为导向，坚持双招双引，通过举办博士项目路演大赛、高价值专利成果转化大赛等活动，加大人才团队引进力度，让一批有想法、有技术、有产品的博士和博士后在佛山找到匹配资源。

1995年，佛山设立全国第一个以城市为单位的企业博士后工作站总站，书写了佛山创新“春天的故事”；2021年，第一届全国博士后创新创业大赛总决赛在佛山举行，佛山成为全国博士后创新创业大赛的诞生地；2024年8月初，2024博士团队佛山创业营路演活动举行，18个来自全国各地的博士博士后项目团队，通过项目路演、交流对接、创业辅导、参访创新平台等方式全方位对接资源。

随着佛山对创新日益主动的追求，必将有越来越多创新人才的创新种子，在佛山开花结果。

技能人才托起实体经济

一年四季，佛山的项目工地少有“淡季”。

2024年8月28日，嘉士伯佛山三水生产基地正式投产，占地250亩，总投资29.62亿元，其中固定资产投资14.92亿元，年产能达到50万千升，将负责华南和周边市场供应。未来，广东消费者将在家门口享受高品质啤酒“自由”。

走进南海区桂城街道，瀚天专精特新产业园（三山东区园）正在加紧建设。据介绍，该园区将力争通过三年建设，引入和集聚人工智能、集成电路、电子信息高端装备制造业（精密仪器）、生物医疗科技、电子信息、新能源等优秀专精特新企业，通过以投带招模式培育一批知名品牌企业，实现园区产值达到30亿元。

人才聚则产业强，产业强则城市兴。当前，佛山正大力促进传统产业转型升级、培育壮大新兴产业，高水平建设“双十园区”[1]、佛北战新产业园等产业载体，为人才施展才华提供广阔天地，为广东制造业再“储能”。

在这些项目现场，有一股重要力量在支撑产业升级、迈向高质量发展，那就是庞大的技能人才大军。

来自广东肯富来泵业股份有限公司的冯肆潮，从事电气维修30多年，是佛山首位特级技师，打破了职业技能等级天花板；“95后”佛山中职生周楚杰，获得2022年世界技能大赛金牌，并立志在学校里培养更多高技能人才……

2022年召开的佛山市委人才工作会议暨全市科技创新大会上，佛山第一次详细解析了需要重点培育、引进的十类人才。这十类人才中，与产业直接相关的占了四类，分别是科技创新人才、企业家人才、高技能人才、产业发展人才。

诺贝尔经济学奖得主埃德蒙·菲尔普斯在《大繁荣》中指出，大多数创新并不是亨利·福特类型的孤独的梦想家所带来的，而是由千百万普通人共同推动，正是这种大众参与的创新带来了繁荣兴盛。

在佛山300多万名产业工人里，像冯肆潮、周楚杰这样的技能人才达128万人，他们坚持技术攻关，正成为充实佛山实体经济的“生力军”。

佛山是制造业大市，培养一支支撑制造业数字化、智能化转型的技能人才大军，是企业发展壮大的必然要求，是打造一流营商环境的必然要求，也是全市高质量发展的必然要求。

人才是第一资源，英才汇聚是佛山制造业发展的宝贵财富。在构建与产业发展相融相生的技能人才培育体系上，佛山的热情只增不减。

城市温度留住优秀人才

才者，材也；养之贵素，使之贵器。

选择一座城市，人才最看重什么？除了发展前景、城市对待人才的态度也至关重要。超245万人才用脚投票选择佛山，构建起强大的人才矩阵，验证了佛山的城市温度。

引才留才离不开“软环境”建设。近年来，佛山坚持以人为本持续完善服务配套，想方设法帮助解决人才安居、子女入学、看病就医等后顾之忧，让每一位企业家都能安心创业，让每一位人才都能舒心打拼。

几年前，被佛山强大的中医药产业实力吸引而来的博士陈菊，没想到这么快就能在这里找到家的感觉；10多年前，殷红军选择从西安来到佛山的博士后工作站时，还不知道自己会就此扎根。“佛山的人才服务在全国来看都是一流的。”如今已是新佛山人的殷红军评价道。

多年来，数不清的人才像陈菊和殷红军一样，来到佛山、留在佛山、扎根佛山。

刚来到这里，住房和孩子入学是陈菊最担心的事情。“没想到医院和佛山的人社部门迅速行动起来，很快帮助我们解决了。”没有了后顾之忧，陈菊全身心投入研究，希望为佛山中医药事业贡献自己的一份力。

当前，佛山已建立起自上而下、工作生活全方位覆盖的人才服务体系。让人才留在佛山安家，需要佛山各级各部门用心、用情打造舒适的“人才家园”。而当好人才“后勤”，做好落户居留、子女教育、医疗卫生等服务，是佛山把好人才服务的基本关。

从安居政策来看，佛山制定了人才安居办法，在原来单一“给钱”补贴的基础上，推动形成货币补贴和实物配置相结合的人才安居体系；从医疗保障来看，佛山为高层次人才提供免费体检、优先挂号等服务，还打造了国际诊疗中心等，以高水平医疗保障人才身体健康。

为强化人才服务，佛山建设“优粤佛山卡”线上服务平台，建成“1+5”高层次人才服务专区、国际人才“一站式”服务专区、佛山（香港）人才会客厅等48个线下服务阵地，组建261名专兼职结合的人才服务专员队伍，形成线上线下相结合的一体式服务矩阵。

不仅如此，佛山还在全省地级市率先成立人才发展集团，从传统的人才服务延伸到科研创新服务、中小企业服务、园区开发运营，推动“科

□ 2024 年佛山市企业家大会暨人才发展大会现场

技、产业、人才、资本”四链融合，致力于为人才提供“一条龙”服务。

可以说，从生活到工作，能帮助人才解决的，佛山都包办了。

“80后”陈贤帅是广东中科安齿生物科技有限公司的创始人兼总工程师，他也是佛山城市发展的亲历者和受益者。

创业至今，陈贤帅得到了全市各级政府部门的大力支持，获得扶持资金上千万元。这让陈贤帅得以带领团队在佛山生根发芽，茁壮成长。

如今，中科安齿不仅研发出打破国外垄断、填补国内空白的通用型牙种植体，还成为唯一入选全球牙种植体竞争力前十的中国企业，取得了中国创新公司50强、未来独角兽企业、专精特新企业、佛山市科技领军企业100强等多个荣誉。

人才服务无止境，佛山以城市温度拴心留人；而人才反哺城市，以实际行动为高质量发展注入力量。“一个地区竭尽全力帮助你成果转化，怎么能够不爱呢？”陈贤帅说。

青春脉动激发城市活力

盛夏佛山，有朋自远方来。

2024年7月，第六届“魅力佛山行”高校师生体验营活动开营，来自清华大学、复旦大学、香港中文大学、澳门大学等全国50所高校近百名师生代表来到佛山，以脚步“丈量”城市魅力；8月，一场北京学子专场交流会在佛山城市展览馆举行，热烈的你问我答环节让现场气氛火热。

年轻人在哪，城市的生机与活力就在哪；年轻人才在哪，城市的未来就在哪。现在短暂来到佛山“串门”的青年学子，将来很可能成为留在佛山成就事业的栋梁之材。

深知这一点的佛山也在积极“成长”为年轻人喜欢的城市——

举办种类纷繁的市集、拍卖会、音乐、大咖分享等活动，在年轻人中掀起一场接一场狂欢；华灯初上，岭南天地、渔人码头等中心商圈，衣着时尚的潮人开始聚集；夜幕深沉，在佛山创意产业园，仍有数百家商家开门营业，接纳五湖四海的年轻人……

当佛山开始展现“青春”的一面，这座城市就变得越来越“好玩”“有趣”，更具有吸引力。

智联招聘与泽平宏观联合发布的《中国城市“95后”人才吸引力排名：2023》报告中，公布了中国最具“95后”人才吸引力城市50强榜单，其中佛山排名第12，位居湖北省会武汉之前。

根据猎聘发布的《2023上半年人才流动与薪酬趋势报告》，2023年上半年，人才市场呈现出一系列新的趋势，越来越多的年轻人开始倾向于涌向新一线城市。其中，佛山跻身求职者投递热门城市的前20。

榜单里的佛山，青春度十足。现实中的佛山，也在持续加码吸引年轻人。

近几年，佛山聚焦就业、住房、托育等青年急难愁盼问题，积极探索政策创新、优化服务供给，为青年成长发展创造了良好环境。

例如，佛山推出“佛山青年卡”，依托微信小程序，打造青年综合服务平台。青年卡充分发挥佛山作为粤港澳大湾区重要城市优势和岭南文化、美食文化、潮流文化特色，打造青年专属优惠权益，成为青年们的“大众点评”。

以青年卡为载体，一方面，佛山积极构建更丰富的消费场景，秉承“服务青年”“品质甄选”等原则，设立青年福利购专区，引进咖啡店、影院、书店、运动馆等商户，为青年提供衣、食、住、行、游、娱等领域的优惠商品和服务。

另一方面，佛山积极为青年构造全方位的服务阵地。整合青年服务和民生实事，开发青年安居、青年夜校、青年交友、青年之家等模块，打造青年卡社群，组织青年参与文化活动和社交互动，激发青年活力，让佛山的青年发展型城市形象更加立体多元、充满生机。

时代呼唤人才，人才书写时代。

上溯至明清，商贾与能工巧匠云集佛山，创造了“四大名镇”“四大聚”之一的辉煌历史，也书写了流传至今的先贤故事；走向新时代，聚焦产业与科技互促双强，年轻人们必然能创造佛山制造的新奇迹。

第二节
大城工匠的坚守

提起工匠精神，你会想到什么？

是执着专注、精益求精，还是一丝不苟、追求卓越？

佛山制造的精髓在于“匠造”，也离不开工匠精神。

在佛山，有这样一群人：或十年磨一剑，钻研“会飞的金属”；或放弃城市工作，回到农村用科技带农民闯出致富路；或从技校毕业生成长为资深设备工程师，带头创新挑重担，却依然不忘“传帮带”……他们在平凡的岗位上倾心投入、辛勤劳动，作出了不平凡的成绩，成就了不平凡的人生。

国之重器，始于匠心，惟匠心以致远。自2016年佛山在全省率先命名大城工匠以来，尊崇工匠精神、追赶工匠的步伐已在佛山大地蔚然成风，日益深刻地塑造着这座城市的精神面貌。

2024年初，佛山召开佛山高质量发展大会，为“佛山大城工匠”“佛山卓越工程师”代表颁发奖章、证书。这样的高规格礼遇，就是向全社会释放一个强烈信号：佛山鼓励各行各业以大城工匠为榜样，以工匠精神筑牢制造业根基，为打造具有国际影响力的制造业创新高地增添动能。

工匠精神续写制造传奇

2023年，佛山工业规模再跃升——规上工业总产值突破3万亿元。而佛山制造业当家的下一个目标，是到2030年规上工业总产值跃升至4万亿元。

为此，佛山紧紧把握高质量发展大趋势，在变中求进，在变中突破，推进产业与科技融合聚变，发展新质生产力，实现质的有效提升和量的合理增长。

以大城工匠为杰出代表的能工巧匠，是佛山制造的灵魂，凝聚着佛山一贯坚守实业、开拓创新的城市气质。在这样的时刻，佛山更加渴望和呼唤工匠精神、企业家精神。

弘扬工匠精神，经济大区南海走在前列。2024年元旦刚过，南海区就举办“大城工匠”表彰大会，主题是“智造当家　活力匠心”，当天，30位工匠人才获高规格礼遇。

这30位工匠来自各行各业，从“60后”到“90后”，从基层技术人员到高级管理者，无一不代表着企业和行业先进的技术水平和卓越成绩。他们当中，既有广大制造业一线的技术专家，也有来自院所企业的科研尖兵，有中药材的鉴定员、餐饮公司的点心总厨，也涵盖文化公司的艺术总监。

南海区只是一个缩影。多年来，佛山表彰了一大批“大城工匠”，广泛持续培育和弘扬工匠精神，让工匠精神和企业家精神交相辉映、相得益彰、深度融合。“佛山大城工匠”的评选立足制造业当家，坚持面向技能人才、面向工匠、面向工作一线，从科创带头人才、技能人才等领域评选产生，旨在更好地弘扬工匠精神，鼓励引导广大劳动者以“大城工匠”为榜样，立足本职、钻研技艺，在学习工匠、争当工匠中成就自己的精彩人生。

佛山还推出一系列举措，从授予荣誉、福利待遇、发展通道、发挥技能、配套服务、培训深造等方面激励工匠人才，鼓励和吸引全国的能工巧匠到佛山创新创业、安居乐业，培育更多“大城工匠”“大国工匠”。

珠江西岸，制造名城。一大批赓续绵绵的大城工匠为代表，引领成千上万奋斗在生产一线的劳动者，汇聚成磅礴的生产力大军，续写佛山制造传奇。

工匠故事激励奋斗之力

享誉全球的佛山制造，证明了这座城市不缺工匠的故事。

佛山是聂德键人生路上的重要一站。2013年，研究生毕业的他进入广东兴发铝业有限公司，从研发工程师到科技管理部主任，他一心扑在“会飞的金属”上。

“纯铝加入少量的其他金属元素可制成硬铝，既保持了密度小的特性，又克服了纯铝软的特点，广泛应用于航空领域，被誉为‘会飞的金属’。铝业虽然是传统制造业，但铝合金相对来说，是较为年轻的金属材料，而且也有更广阔的应用场景。”在聂德键看来，技术创新是传统制造业跃升的一大抓手，对传统制造业进行流程再造，加快新技术规模化应用和新产品研发迭代，才能让传统行业焕发新机。

2021年，聂德键在参与广东省重点研发领域科技计划项目“新能源汽车铝合金超大型结构件制造成型技术研究”中，研制了6005C、6061D、6061E、6082等多种高强韧的铝合金新型材料，开发了上汽通用五菱、比

□ 聂德键在做实验 （本人供图）

亚迪新能源汽车电池箱体型材、防撞梁型材等，并攻克了多项技术难题。

十年磨一剑，自有锋利时。2024年新春，聂德键从佛山市高质量发展大会上捧回“佛山大城工匠”的荣誉。“那一刻，我深刻感受到了‘双向奔赴’。”在他看来，作为一个从事技术创新的员工能够获得城市的高规格礼遇，是一种肯定、一种荣誉、一份鼓励，也是一份责任。

另一位“佛山大城工匠”罗纪锋，深耕高明梧桐村十余年，用科技为家乡农民朋友“开辟”出一条致富路。

“我们有技术有资源，家乡也需要发展，回乡创业我们有优势。”经过前期艰难探索，罗纪锋创办的高明区鹏力农业科技有限公司，已成为拥有500多平方米的无菌组培育苗实验室及4000多平方米的花卉组培苗种植大棚，年生产组培苗数可达几百万株的高科技农业企业，是行业中的标杆企业。鹏力农业培育的植物苗销往全国各地花卉种植基地和市场，还有部分高端产品出口外销。

聂德键和罗纪锋，是佛山所有大城工匠的缩影。他们坚守、拼搏、精益求精，品质是他们的追求，卓越是他们的目标，他们助推佛山制造傲立世界制造之林。

数字经济呼唤数字工匠

工匠精神的延续，离不开一代代匠人的传承与发扬。

数字经济时代呼啸而至，大城工匠的技能特质，也逐渐从“熟能生巧、巧能生精”转变为“技术赋能、数字融合”。

从2024年初命名的“佛山大城工匠”名单中，就能看出对新时代数字工匠的呼唤。其中，既有传统制造业的领军人物，也有来自电子、机器人、生物医药等战略性新兴产业的顶尖人才，而且10人中有7人是“80后”。他们无疑是新一代的数字工匠。

“我研发出的一套适用60米水深风电安装平台升降系统，寿命增加200%。”“我研发的环保技术成果，每年防止5万吨废液污染环境。”……一批掌握机器人、互联网、3D打印等技能的数字工匠群体正在佛山崛起。

青年是未来的中坚，职业教育是大城工匠的摇篮，广大技能人才是工匠精神的主要传承者、实践者和创新者。

近年来，佛山大力实施职业技能升级行动，以服务高质量发展为主线，深化产教融合，提升技能人才培养质量，服务产业高质量发展，全力打造“匠才之都”。

围绕全市战略性产业发展对技能人才的需求，佛山正积极建设高水平专业、培育高精尖匠才、打造高标准载体，进一步优化技能人才供给侧结构。佛山已认定30家市级技师工作站、6家市级技能大师工作室以及20个市级高技能人才培训基地。接下来，佛山还将源源不断培养高素质技术技能人才、大国工匠、能工巧匠，为发展新质生产力、推动高质量发展提供技能人才支撑。

第三节
企业家与城市拥抱

大国崛起，离不开企业家；大城屹立，正需激发企业家精神。

在时代变化、经济转型、产业升级的大变革时代，佛山一批企业家坚守实业、开拓创新、务实守信、开放包容，实现从输出产品、服务到输出思想再到沉淀精神的升级，与这座万亿制造业大城双向奔赴，为佛山高质量发展增添源源不断的强大内生动力。

咬定制造不放松

“咬定制造不放松！”

化用清代文人郑燮诗句的这句话，正好概括了佛山企业家的特质：坚守实业，不捞偏门，专注制造，精益求精。他们是佛山产业的股肱脊梁。

东鹏控股创业52年来，始终以陶瓷为主业。“以此为生，精于此道。”该公司董事长何新明说，这过程中抵住了众多诱惑，保持足够的定力，将绵延千年的“佛山陶”发扬光大。

李深华自1987年创办华兴玻璃以来，数十年如一日，始终专注于做好玻璃容器这一件“小”事，却由此成就了年产能达400万吨、年产值超过70亿元的“亚洲日用玻璃大王”。

陈伟德，广东锻压机床厂有限公司董事长，坚守机械行业60多年。“建厂以来，我就死心塌地在这间厂，你赶我走我都不想走，我一生一世都在这间厂。”

佛山企业对制造的坚守，不仅是岁月的穿行，更有代际的传承。梁庆

□ 华兴玻璃董事长李深华

德、梁昭贤、梁惠强祖孙三代人接力，将格兰仕从一家乡镇企业做成中国最大微波炉生产商、国际化家电品牌。

佛山还有一大批专注、聚焦的“隐形冠军”企业，他们孜孜不倦地在细分领域持续创新、在利基市场不断开拓，练就“专精特新”的实力，将产品做到全国乃至全球领先。

纵观人类工业革命的历程，实体经济是强国之基、富民之本。但从20世纪80年代开始，“去工业化”在全球兴起，不少国家或地区出现了“重虚轻实”“脱实向虚”的迹象。而在中国，近十年来，随着制造业的成本上升、利润下降，一些企业也逐步脱离本业，转向追逐金融、房地产、互联网等更高利润的虚拟经济。

在此背景下，佛山坚定实体经济不动摇，企业坚持制造业的长期主义，支撑着这座城市穿越周期、行稳致远。

“佛山模式需要一代一代人坚守实业、坚守内生、坚守市场，就像愚公移山一样，这是最不容易的。”中国宏观经济研究院研究员张燕生如是评价。

从产品、服务到思想

大道之行，智者无疆。改革开放以来，一大批佛山企业家在商海沉浮中拼搏弄潮，其丰富的经历沉淀出了经验和智慧。他们不仅输出优质的产品和服务，也对外输出商业思想，对当地商界乃至行业带来影响。

“唯一不变的就是变，美的成功的核心就是创新。不变就是死路一条，只有不断变革才有生存空间。”

“宁可走慢一步，不能走错半步。”

“不与国内同行争市场，走出国门闯天下。”

“宁愿放弃100万的利润，也不放弃一个有用之才。”

这些在佛山流传甚广的金句，都出自美的集团创始人何享健之口。何享健学历不高，初中没有读完，但对行业的洞察非常敏锐，学习能力非常强，他借鉴西方现代企业管理制度，将美的从一家乡镇企业发展成家电巨头、世界500强企业，探索实践出一套成熟经营模式，被纳入中国企业管理的经典案例，其在人才使用、家族传承、社会公益等方面的独特理念，一直为社会津津乐道。

□ 美的集团创始人何享健

“企业家就需要学哲学，学懂世界观。”外表低调朴实的李深华，可能是佛山商界最懂哲学的企业家。他曾在北大哲学系学习，在办公室书柜里，摆满了《哲学的故事》《柏拉图对话集》《论语》等东西方哲学经典。

对于传统制造一词，他认为这并不代表着落后，而应该是一种尊称。“因为‘传统’也是不断创新的代名词，只有持续地自我否定或自我扬弃，才能让‘传统’成为‘传统’。”

当时面对新冠疫情对行业的影响，李深华比较淡定。他认为，管理的重心不是危机来了以后如何手忙脚乱地应对，而是要靠平时练出来的“向死而生”的功夫。

为了影响更多的企业，还有佛山企业家主动站上讲台，成为“布道者”。2016年，先后打造出两家上市企业的鲍杰军创办了归然书院，目的是帮助老板成为企业家，持正念、走正道。这也吸引全国多个省、市的学员慕名而来。近年来，佛山培养优秀企业家的需求越来越迫切，佛山市工商联充分发挥归然书院的资源优势，共同开展了“佛山青年企业家健康成长营”活动，致力打造佛山民企特别是年轻一代企业家健康成长的摇篮。

著名经济学家周其仁对此满怀期待。“立足于企业且从企业成长出来的企业教育，也是佛山下一步应该努力的方向。”

闪耀的企业家精神

党的二十大报告提出，完善中国特色现代企业制度，弘扬企业家精神，加快建设世界一流企业。佛山作为制造业大市、民营经济大市，更需要进一步弘扬企业家精神，激励企业家在现代化建设中发挥更大作用。

企业家精神往往具有时代性和一定的地域性。佛山历史上就有重商重工的传统。从明清时期“天下四大聚”和“四大名镇”到近代民族工业重要发源地再到改革开放后的制造业大市，悠久且深厚的工商业文明，与时代同频共振，形成独具内涵与特质的佛商精神。

——开拓创新。熊彼特把“创新”作为企业家精神的核心，对佛山企业家而言，创新精神就是敢为天下先，敢饮“头啖汤”。容声创始人潘宁牵头开发出中国第一台双门双温冰箱、康宝董事长罗小甲组织研发出全球首台消毒柜，科达创始人卢勤、鲍杰军等人打破国外技术垄断，研制出国内第一台磨边机、抛光机、大吨位压机……众多“中国第一”的背后，是佛山企业家的创新力量，开创了佛山制造从领先到跨越的辉煌。

——务实守信。佛山制造闻名世界，但佛山企业家大多低调。他们实干诚信，身体力行擦亮企业的金字招牌。梁昭贤多年来坚持不选择明星做代言人，而是专注产品，40多年坚持“用户代言”。为了确保准时交货，梁昭贤曾将3000台自主品牌微波炉空运到欧洲，最终赢得了当地市场口碑。

——开放包容。这是佛山企业走向世界的通行证。何享健很早就提出：“20世纪60年代用北滘人，70年代用顺德人，80年代用广东人，90年代用全国人，21世纪要用全世界的人才。”正是这一开放的用人观，推动美的一家本土家电企业逐步蜕变为全球化制造龙头。

——热心公益。乐善好施、造福桑梓、回报社会，这是佛山众多企业家的共同“爱好”。碧桂园创始人杨国强热衷于资助教育；何享健多次捐出巨款，助力扶贫、教育、科创、养老、医疗等多个领域；源林投资（广东）有限公司董事长关杰初长期不遗余力支持家乡建设，先后获“中华慈善奖”等表彰。

佛山企业家精神的内涵还有很多，他们以独特的品格和个人魅力，成为这座城市最闪耀的明星，照亮这座城市的高质量发展之路。

第四节
“企二代”逐浪商海

改革开放40多年来，佛山的产业江湖从不缺优秀的企业家，第一代“洗脚上田”的前辈们已经创造了无数业界传奇。但当前，佛山比以往任何一个阶段更需要“企二代”挺身而出。因为经济下行压力较大，“年逾四十”的佛山制造也正面临“如何跨越中年危机”之问。

在产业突围的关键时刻，越来越多“企二代”走向台前，在各领域崭露头角，用行动开启了一场“年轻化”改革，他们拥抱数字化，让制造走向“智造”；他们打开大视角，以国际视野开拓全球市场；他们追逐新风口，沿着产业链寻求新商机。

这是一场事关万亿级产业的“接力赛”。当前，佛山近九成第一代企业家正在酝酿或实施交接班计划，数千名新生代正在准备或已经接班，佛山制造的“继承者时代”已然拉开了帷幕。

提速的“接力赛”

佛山最有名的“企二代”、美的集团创始人何享健之子何剑锋，在家居板块“再下一城”。2024年初，何剑锋创立的盈峰集团拿下顾家家居29.42%的股份；同年9月22日，盈峰集团高管正式接任顾家家居董事长一职。何剑锋一手拓展的商业版图愈发牢固，承压前行的家居行业也看到了新的可能性。

作为“中国工业第四城”，自2012年以来，佛山掀起了史上最大规模的企业家族传承浪潮，并在2021年达到新的高峰。佛山“企二代”们“接得怎么样，创得好不好”，一定程度决定了佛山万亿产业的未来。

近年来，更多年轻的“二代”走进了公众视野。这股后浪，覆盖了从“70后”到“00后”年龄段的群体，他们对互联网、电商、金融创新等新生事物的接受程度普遍高于父母，乐于探索新渠道、运用新技术，在公司现代化治理、产品迭代、品牌营销等方面有自己的理解。

而且，他们大多有海外留学经历，不少是留学毕业后，或在世界500强企业历练几年回到家族企业，或直接回企业轮岗锻炼，升任管理层直至总经理、董事长，这是一条普遍的路径。

2024年7月，佛山上市陶企蒙娜丽莎完成了董事会换届，萧礼标接过权杖任职蒙娜丽莎集团董事长。

2011年，萧礼标入职蒙娜丽莎，为了全身心服务于蒙娜丽莎，他完全放弃了当时很赚钱的房地产事业，进入蒙娜丽莎从基础做起，在研发、生产、采购、人资、后勤等众多岗位进行了解、学习与熟悉。2015年7月，公司整体变更设立股份公司，也正是这一年，蒙娜丽莎进入了上市的“最后一次冲刺”。

经过团队两年时间的努力，2017年12月19日，蒙娜丽莎集团在深交所中小板正式上市，成为广东首家在A股上市的建筑陶瓷企业。第二年，在蒙娜丽莎瓷砖营销峰会上，萧礼标提出了“打造百年蒙娜丽莎”的未来发展目标。这是所有蒙娜丽莎人的愿望，集团高层们也看到了萧礼标的“眼里的光”。

2020年8月，为了进一步强化创新能力，蒙娜丽莎研究院成立。以研究院为统领，蒙娜丽莎汇聚起专家工作站、博士后科研工作站、国家级技术研发中心的各类高层次人才，同时与景德镇陶瓷学院、华南理工大学、陕西科技大学等院校保持紧密的产学研合作，力求持续引领行业创新。

一个引人关注的细节是，萧礼标出任蒙娜丽莎研究院院长，作为一把手担任院长有着特殊的意义，“就是要让研发团队知道，他们所做的是企业的核心工作，他们的研究工作也会得到集团的大力支持。”萧礼标说。

□ 蒙娜丽莎集团股份有限公司董事长、总裁萧礼标（戴嘉信摄）

刀刃向内的改革

企业传承从来都不是容易的事。

或许在外界看来，有家业可以继承的新生代，是“含着金汤匙出生”的人，但是，与坐享其成的“富二代”不同，接手企业并传承事业是一条截然不同的道路，这条路上荆棘丛生。

相比改革开放初期处处是机遇的增量市场，近几年，受地缘冲突、新冠疫情以及国际政治经济关系等因素影响，不确定、难预料逐渐成为世界的常态，新生代企业家面临的环境更加残酷。怀揣新理念、新方法，佛山“企二代”围绕企业发展的方方面面，在推动企业研发创新、生产转型、品牌升级、管理现代化等方面表现亮眼。

推动实施现代化企业治理体系，“企二代”关注制度，更关注“人心工程”建设。

广东耀龙金属科技有限公司占据全国高端旗杆市场70%的份额，公司人力资源体系、薪酬制度和激励机制，是由“95后”接班人、广东耀龙金属科技有限公司总经理陈晓龙一手搭建的。他刚接手时，受市场环境影响，公司流失了一部分老员工，新业务增量又亟须人才支撑，可谓“临危受命”。如今，耀龙科技全公司20多名中层管理干部，大部分都是陈晓龙招聘、培养起来的，成为公司发展的中坚力量。

探索数字化、智能化转型升级，“企二代”能辨趋势，更懂得“小步快跑”“量体裁衣”。

“对客户来说，难的不是一次生产1000件衣服，而是一次生产1000件不同的衣服。”广东瑞洲科技有限公司被誉为国内第一智能“剪刀手”，主要为下游提供柔性切割设备，公司“企二代”、工程技术中心主任郭瑞洲知道，只有不断升级设备信息化数字化能力，对订单进行自动排序、生产，才能满足客户个性化需求。

纺织服装业是瑞洲科技的下游行业。佛山市嘉谦纺织有限公司总经理蔡振雄刚入职公司时，正值这种“小单快反”模式兴起。“如何在保证质量的前提下，快速生产交付？”在他看来，实施符合生产需求的数字化改造是唯一出路。为此，他借助物联网RFID技术，为嘉谦纺织入料、出货打上统一的电子身份证。改造后，嘉谦纺织在物流效率提升30%的同时，人力成本也降低了三成，仓库和物流自动化程度得到有效提升。

开展老行业的“新品牌”建设，“企二代”紧跟潮流，相比老一辈企业家更“高调”、玩法更活。

派雅门窗制品有限公司品牌总监李隽昕围绕五个方面推动派雅门窗品牌升级，相比父辈喜欢的硬广“高炮”推广，她更注重软性品牌文化建设。“品牌的原点是消费者，如果品牌价值得不到充分释放，‘酒香也怕巷子深’。”传播学毕业的李隽昕对此感触很深。

创业者与佛商精神

除了进入家族企业接班，还有一部分“企二代”选择另辟蹊径，投身创业热潮之中。这是佛山制造的另一种传承，浸润在佛山这片民营经济沃土之中，新生代企业家未必循迹而上，却也成为“草灌乔”产业生态中，生机勃勃的“新叶”。

广东用心网络科技有限公司（下称“用心网”）总经理叶汶杰就是一例。他没有选择进入父辈的企业工作，而是走上自主创业之路。由于父辈从事家电行业，叶汶杰注意到，家电售后服务还有很大提升空间，安装和维修接单、派单过程中，往往可能因沟通不畅和服务不及时而影响消费者体验，进而损害品牌形象。

在过往与父辈们的交流中，这个创业方向被进一步证实可行。2015年，叶汶杰与搭档们正式创立用心网。如今，该平台已裂变出三大业务板块，其中，用心智联主要利用人工智能、机器人自动化技术来推动服务行业的创新和进步。“比如，将家电服务相关技能‘打包’，提供给各大客服网点；再如，开发智能机器人客服系统，快速提升网点的服务质效。”叶汶杰举例。

回顾创业历程，叶汶杰感恩能够“站在巨人的肩膀上”，与父辈们交流，能够听到很多有益的建议，但父辈从不把想法强加于自己。相比于如何办企业，叶汶杰更多的是学到了如何做人、如何做事，有益的一并虚心学习。

同样的，美的集团创始人何享健之子何剑锋虽然没有接班美的，但也以再创业的方式，为佛山民营经济添上了靓丽的一笔。根据公开资料，何剑锋毕业于华南理工大学，1994年曾在顺德成立公司，为美的贴牌生产电饭煲、电磁炉等。2002年，何剑锋成立了盈峰集团。如今盈峰集团业务版图涉及文化影视、水利环境、租赁服务和金融等领域。

不论是接班，还是创业，本质都是企业家精神的传承。佛山民营经济贡献了万亿GDP的超六成产值，从佛山近150万户民营经济主体来看，传承的核心在于佛商精神的延续，在于永葆民营经济的生命力。

2024年，佛山市工商联发布“一团、两基地”建设工作方案，宣布组建“佛商导师团”，并打造“佛山市民营经济人士理想信念教育基地”和“新时代佛商研学实践基地”。佛山将开展“青蓝接力　薪火相传”佛商传承行动，赋能新生代佛山企业家的成长。

第五节
营商环境接力跑

佛山制造的关键在于人，但影响人的关键因素在于环境。营商环境的好坏，决定着一座城市的前途命运，更关系着这座城市产业发展的走向。

2024年夏天，佛山接连迎来好消息：在中央广播电视总台发布的《2023城市营商环境创新报告》中，佛山入选2023城市营商环境“年度创新城市”，特别是在“创新要素完善”“监管机制创新”两个维度走在全国前列；在第二十四届中国国际投资贸易洽谈会上，国家发展改革委发布全国营商环境创新实践案例，佛山探索实施的“创享易”畅通科创企业政策成功入选，成为广东唯一入选案例……这是对佛山全力构建“益晒你”企业服务体系、持续打造一流营商环境工作成效的充分肯定。

近年来，佛山持续打造市场化、法治化、国际化一流营商环境，市场主体的获得感和满意度不断提升，营商环境正在发生积极、深刻的变化。“营商好环境、佛山益晒你”品牌逐渐深入人心。佛山是怎么做到的？营商环境之变，为这座城市带来了什么？

连续两年全省地级市第一

营商环境是一个城市综合竞争力的重要体现，是提振信心、促进企业发展的生存土壤，也是推动高质量发展培育新质生产力的发展底座。佛山是改革开放的先行地，始终把营商环境作为重中之重来推进。在佛山，有一个被广泛认可的观点：营商环境的不断进步是被逼出来的、被改出来的、被呵护出来的。

2021年6月，佛山市委提出，把打造一流营商环境作为“一号改革工程”。是年年底，佛山即出台《构建佛山“益晒你”企业服务体系打造一流营商环境的行动方案（2022年度版）》，主动对标国际国内最好最优标准，围绕企业开办到落地投产，拿出了一系列最大诚意、最“硬核”、最实在的服务举措，全方位、全流程为企业提供全生命周期服务。由此，“营商好环境、佛山益晒你”也成为佛山举全市之力倾心打造的营商环境品牌。

“益晒你”是一句粤语。“益”就是“有好嘢益佢”，指“有好事关照你”。佛山构建“益晒你”企业服务体系，就是要构建有利于企业的营商环境，颁布利好政策，让企业受益；“晒”有“全部”的意思，就是政府要全方位为企业服务，为企业提供全生命周期服务。

根据对营商环境改革实行“一年一评估”“一年一修订”“一年一发布”的原则，佛山滚动更新“益晒你”行动方案，确保营商环境改革不止步，各项措施始终处于优势地位。

从2020年开始，广东省发改委每年对21个地级市开展营商环境评价，参照世界银行营商环境评价体系，设置了12个一级指标。通过这个评价来持续跟踪各地营商环境各个领域的改革最新成果，了解市场主体的感受和

□ “益晒你”企业服务中心 （廖明璨摄）

诉求，以评促改，以评促优。2022年和2023年连续两年，佛山市的营商环境评价都排名全省第三，位居地级市第一。2023年，佛山更是获评全国营商环境“十大最佳口碑地级市”。

深化改革与企业的获得感

在佛山，几乎一切改革都是为了企业，为了服务制造业当家，为了推动高质量发展。

佛山上下已形成共识：要从企业全生命周期需求出发，把自己当成7×24小时“金牌客服”，把面对面、点对点、一站式精细化服务机制延伸到所有市场主体，将一流营商环境融入政务服务、政策供给、要素保障、城市温度等方方面面，用力用心用情让企业在佛山有“家”的感觉。

几年来，佛山用突破性的改革，服务制造业当家，很多创新做法都走在全省乃至全国前列。

——首创企业登记24小时智能审批，推行“一照通行”涉企审批服务改革，改革实施后平均办理时间缩短70%以上，提交材料精简50%以上，平均为每个企业节约办事时间10天。以前注册一家新公司要诸多手续、跑几趟，现在一天就能搞定。

——首创政府补助“秒到”企业和个人，累计发放各类财政奖补资金超190亿元；首创“创享易”一站式集成服务，累计为超30万户企业提供优惠政策享受建议，促成引进院士5名、高端紧缺人才过万名。

——在全省率先采用政府购买服务形式开展民营企业专项服务行动，为全市400家中小企业提供服务3000多次，被国家发改委作为地方支持民营企业改革发展的典型做法在全国推广。

在很多企业看来，创造性实施重大产业投资项目审批代办服务、实现产业项目“拿地即开工”“拿地即用电”，是一个很有获得感的做法。

佛山对列入审批代办服务的每个产业项目成立一个“领导小组+代办小组”，对项目审批堵点问题全权处理、直接挂钩、跟踪到底。自2022年

10月开展审批代办工作以来，截至2024年上半年共开展了11个批次100个项目的代办服务，已推动79个项目开工建设。综合来看，平均每个项目较土地监管协议节约近3个月时间。

“创享易”改革，就是一个很受企业欢迎的典型例子，并被国家发展改革委评为全国营商环境创新实践案例。这项举措，由佛山市税务局联合多个政府部门构建，着力解决企业在创新发展过程中面临海量政策难梳理、核算归集难处理等税惠享受难题，其最终目标是要更精准落实落细科创相关的税收优惠政策。

“创享易”深度整合了财政、科技、工信、统计和税务等多个部门服务科技创新的政策和服务，已集成覆盖小微企业、高新技术企业、自然人等1800多条优惠政策，形成扶持政策库。用户进入“创享易”后，只需轻轻一点，几秒就能获取量身定制的“政策套餐”，企业适用哪些扶持政策、怎么申报享受等信息一目了然。

营商环境好不好，企业和项目会用脚投票。2021年至2023年，佛山招商引资签约金额连续三年分别跨过2000亿元、3000亿元、4000亿元三个台阶。2024年1—10月，佛山全市共签约1亿元人民币或1000万美元以上项目692个，同比增长56.6%，签约投资总额3026.8亿元人民币。

全新的营商环境建设局

2024年4月，佛山市发展和改革局正式加挂佛山市营商环境建设局牌子。

专门设立市级营商环境建设局，这种做法在广东全省并不多见，对佛山进一步优化营商环境也有里程碑意义。

有了全新的营商环境建设局，佛山从优化政府审批服务效能、大力解决企业实际问题、强化关键要素保障能力、营造开放包容创新环境四大板块持续提升政府服务，把“营商好环境、佛山益晒你”品牌打造为佛山引以为豪的金字招牌，更好地服务全市经济发展。

其中，在优化政府审批服务效能方面，佛山市营商环境建设局等部门将推进数字政府2.0建设，深化政务服务“一网通办”，让更多事项实现“掌上办”“智能办”。在大力解决企业实际问题方面，佛山市营商环境建设局等部门将依托解决企业历史遗留问题工作机制、常态化政企沟通交流机制等，定期召开解决企业诉求现场协调会，及时解决企业发展中遇到的困难和问题。而在强化关键要素保障能力方面，佛山始终坚持“要素跟着项目走”，及时解决项目推进中遇到的各种困难和问题，以最优要素保障推动项目建设提速增效，努力以最快速度让最好项目获得最优资源。

聚焦营造开放包容创新环境方面，佛山市营商环境建设局等有关部门将开展企业培优工作，支持企业科技创新，持续营造良好创新创业氛围，以更大力度激发市场活力，助力企业降本增效，加快培育发展新质生产力。可以说，设立全新的营商环境建设局，对佛山也是一次全新的出发。

□ 佛山在行政审批等领域的改革创新走在全国前列 （戴嘉信摄）

党的二十届三中全会审议通过的《中共中央关于进一步全面深化改革　推进中国式现代化的决定》强调，完善中国特色现代企业制度，弘扬企业家精神，支持和引导各类企业提高资源要素利用率和经营管理水平、履行社会责任，加快建设更多世界一流企业。

现代企业制度，是搏击市场风浪的"王牌"。但要实现制度的接班，佛山也需要涌现新的企业管理思想、新的企业家群体，以及企业家培养出新的领导力。

如果说过去40多年，佛山民营经济的传奇是政商互动、企业与城市共生共长的故事。那么进入新发展阶段，佛山要开思想新局，开发展新局，也需要形成政企新共振。

随着第一代企业家走向暮年，佛山数量庞大的民营企业进入"新老交替"的关键时期，"二代如何接班"成为区域发展的一大热点话题。

过去十年，佛山不少"创二代"接过了父辈的担子，"70后""80后"渐成主角，"90后"也开始崭露头角。他们大多有留学海外的经历，相比"创一代"更有国际视野，也乐于学习新的技术和管理理念。

佛山提出打造新时代高素质民营企业家队伍，发出了呼唤新一代现代企业家担当城市代言人的宣言。

高素质企业家，需要具备什么条件？佛山给出了新的定位：家国情怀、现代气质、科学素养、管理能力与责任担当。

当新经济、新业态、新活力涌现时，一定是新的企业家群体涌现的时候，新征程上，佛山呼吁更多的年轻企业家挺身而出，勇挑重担。而当企业家精神成为佛山气质、佛山灵魂时，这座城市将生生不息，不断超越自我。

第三章 / 如何转型突围

佛山工业起步早，制造业规模长期位居全国前列。不过，时至今日，支撑起佛山工业增长的主要动力，依然是家电、家具、陶瓷、机械装备、金属加工等传统优势产业。放眼全球，从德国鲁尔工业区，到美国底特律，传统工业地带、制造业城市的"衰老"故事并不少见。所有工业先发地区，如果不与时俱进创新发展，都有可能在一波接着一波的工业革命、科技革命的浪潮中被淘汰，掉入"老工业基地陷阱"。

面对三重压力、百年变局，佛山是感知最敏感的城市之一。一直将传统制造业视为看家本领的佛山，如何重塑对制造业的想象力？这关乎佛山制造的进阶之路，也代表了珠三角制造业向上突围的一条重要路线。

佛山给出的答案是：一手推动传统产业转型升级，一手发展战略性新兴产业。既要推动产业现代化，也要培育现代化产业，让传统产业更"贵"、新兴产业更"壮"，从而形成一个现代化产业体系。

近年来，瞄准医药健康、高端装备、新能源、新材料、新一代电子信息等新兴产业，一批优质战新项目纷至沓来，以传统制造业名扬天下的佛山，在奔腾向前的时代大潮中强势重塑产业版图。

为实业拓展新空间，是"革故鼎新"的一个重要维度。近年来，佛山大刀阔斧重塑产业空间，将土地交给实业。在这片擅于吐故纳新的热土，一场关于中国制造业新形态的重要探索，已悄然开场。

第一节
拓展空间　把土地交给实业

土地，总是与实业血脉相连。

位于南海狮山的佛北战新产业园起步区万亩新材料产业园内，百亿项目瑞浦兰钧一期已正式投产，庞大的白色建筑群在盛夏炽热的阳光下熠熠生辉。

为实业拓展新空间，是“革故鼎新”的一个重要维度。近年来，佛山大刀阔斧重塑产业空间，通过高标准建设佛北战新产业园和“双十园区”，探索全域土地综合整治、划定工业用地红线等重大举措，不断提高土地利用效率和经济密度。

放眼珠三角，不少城市都遇到过用地保障难题。空间，也一直是佛山“成长的烦恼”，工业不连片、供地不保障等状况过去长期是难啃的硬骨头，但最近几年在推出一系列措施后，这些问题有了非常大的改变，工业用地供应量连续两年全省第一。

2023年，广东省委、省政府在《关于新时代广东高质量发展的若干意见》中提出，要形成以“亩均论英雄”的园区发展政策体系。在这场轰轰烈烈的改革开启之前，珠三角多地已先行先试，“闯将”佛山就是探路者之一。

改出新天地

土地资源碎片化是珠三角城市面临的共性问题。改革开放以来，佛山工业“村村点火、户户冒烟”，遍地开花的村镇工业园，曾为这个先发地区注入强劲发展动力。

然而，与珠三角众多城市一样，土地碎片化、利用效率低的问题也随之凸显。特别是佛山的行政区划面积仅约3800平方千米，相当于苏州的44%、宁波的39%和天津的32%，地少人多，导致产业用地紧张。加上行政区域之间难以协同，发展边界很难打通，也影响了土地连片开发利用。

“重塑”空间，迫在眉睫。在制造业当家、高质量发展的背景下，佛山以超常规的力度，以空间再造引领产业集群新发展。

近年来，佛山坚持全市发展一张图、一盘棋，加大发展规划、空间规划、产业规划市级统筹力度。尤其是2021年以来，佛山提出重构优化产业空间发展格局，形成“中部强核、东西两带、南北两圈”高效联动产业格局。佛北战新产业园和“双十园区”因此先后应运而生。

细心留意就会发现，以功能区为引领的发展思路蕴藏其中。从行政地理走向功能地理，佛山园区再造迈出关键一步。

以佛北战新产业园为例，其总规划面积487平方千米，打破行政边界，横跨南海、三水两区9个镇街，土地资源在更大范围内进行充分整合，也打开了更大的想象空间。该产业园还被纳入省大型产业集聚区，将建设成为粤港澳大湾区广佛极点建设和广佛同城化的重要载体。

作为“双十园区”之一的佛山市新能源汽车产业园，也是空间跨界融合的典型例子。该园区横跨三水、南海两个区，包括狮山、里水、丹灶、乐平、芦苞、大塘6个镇，摒弃了过去区镇以行政区划“画地为牢”的做法，变“单兵作战”为“联合出击”。

空间格局打开，项目承载能力更强，土地利用也更高效了。如今，佛北战新产业园和“双十园区”已落地多个百亿元级项目，也成为企业布局佛山的重中之重。

高效的招商引资和项目建设速度一再刷新纪录，让人难以想象就在几年前，“无地可用”的尴尬还深深困扰着这座制造业大市。

改变始于这座城市的一场“大闯关”行动。以壮士断腕的决心，直面问题、直击痛点，佛山2021年8月提出，以“四大决心”促“四大改

□ 位于佛山市新能源汽车产业园的邦普循环项目　　（张梓望摄）

变”，即决心改变工业不连片、供地不保障、产业不高端、招商不给力的状况。

大刀阔斧地改，改出了新天地。2022年，佛山工业用地出让面积达到1.45万亩，创下佛山有该项统计数据以来最高纪录，在广东全省排名第一。2023年，佛山完成工业用地供应1.68万亩，按照省自然资源厅的统计数据排名，蝉联全省第一。

聚出新英雄

2024年9月，佛山三水云东海内一片火热气象。

作为粤港澳大湾区内唯一超万亩的生物医药产业园，佛山云东海医药健康产业园虽然启建时间不长，但已现雏形。其首个进驻的百亿元产业项目——广东医谷·云东海生命科学园已全部封顶，许多企业正在加紧装修，准备投产。除此之外，该园区还储备了上百个项目，生物医药产业蓄势待发。

园区建设火热升腾的背后，是佛山不断优化布局产业空间。与之相配套的一套“组合拳”，显示“佛山功夫”的力道。

为构建“中部强核、东西两带、南北两圈”高效联动产业格局，佛山重新划定红线，把工业用地规模由350平方千米增加到了450平方千米；从市级一竿子统到底的“一园一策”管理机制，让佛山战新产业园和“双十园区”建设获得了前所未有的系统支撑；对批而未供和闲置土地的加快处置，推动低效工业用地腾挪集聚，为优质项目腾出了新空间。

一场更具魄力的改革已然开启。

2023年，佛山启动工业用地“亩均论英雄”改革，完善差异化、倒逼式政策体系，并有序推进“工业上楼”、规范建设标准。此外，还加强工业用地效率监测，建立产业评价机制，加强对产业类型、投资强度、税收强度等准入指标评审，并将工业集中度、产业集聚度纳入考核范围。

这一系列举措的目的只有一个，就是进一步提高经济密度。

“亩均论英雄”，对佛山这样的珠三角城市来说，必须向存量要增

□ 建设中的佛山云东海医药健康产业园 （廖明璨摄）

量。村级工业园是佛山产业空间提质增效的主战场，里面藏有全市最大比例的工业用地存量，面积占比达80%。

为高效利用土地，佛山还推行园区新型供地模式，逐步落实新增工业用地“标准地”供应。同时还规定，除不适宜上楼的产业外，新改造工业园区、新供工业用地的容积率一般不低于2.0、不大于4.0，力争到2030年园区内规上工业亩均产值达到750万元。

新空间带来新项目，新集聚催生新集群。同为“双十园区”之一的佛山水都饮料食品产业园，得益于土地有效保障，成功吸引了嘉士伯、健力宝、可口可乐、百威等150家国内外企业进驻，产业集聚能力显著增强，年工业总产值跃升到520亿元。

这并非孤例。从全市来看，成效也已经显现。2023年，佛山共签约引进1亿元人民币或1000万美元以上项目534个，首次突破500个，同比增长24.77%；签约投资总额4022.04亿元，首次突破4000亿元，同比增长16.04%。其中，很大一部分项目属于战略性新兴产业。2021—2023年，佛山招商签约投资总额突破1万亿元。

闯出新底气

中山大学岭南学院经济学系教授林江认为，在全球投资需求收缩的背景下，佛山的工业用地供应量不减反增，实现逆势而上，再次证明了其作为全国制造业高地的底气和实力。

如何持续保持高水平的土地供应？要优化制造业当家的空间载体、提高土地利用效率，难点之一在于工业用地的连片整备。

为此，佛山积极探路。2023年3月，佛山市委、市政府发布《关于高质量推进制造业当家的行动方案》，重点聚焦产业空间问题。“划定工业用地保护红线”“推进工业园区改造升级”“推动土地节约集约利用”均作为单独一节被突出强调。

佛山提出，以“工改工”为主加快推进老旧低效工业园升级改造，确保一个区范围内“工改工”比例不低于70%。对不具备新上工业项目的老旧园区，或因复耕复垦、配建公共设施等占用工业用地，采取用地置换等方式，引导工业用地向园区集中，确保工业用地总规模不减少。

与此同时，另一项新的探索在佛山悄然开启。

2023年底，《佛山市“三旧”改造专项规划（2021—2035年）》印发。其中，把位于工业集聚发展地区范围内，涉及佛北战新产业园、十大创新引领型特色制造业园区等重点制造业平台，且具备“工改工”和新增工业用地连片整备可行性的区域划入工业连片整备单元，同时提出了多项政策支撑。

佛山首次提出，“支持采取政府做地模式推进连片改造，由政府指定做地主体统筹片区的连片改造提升”。此外，还鼓励探索片区“做地”，重点统筹改造片区内可由市、区人民政府直接选取国有独资企业作为做地主体，该做地主体统筹编制片区统筹方案，并统筹推进片区范围内的“三旧”改造项目和新增建设用地做地项目。这也意味着，佛山将不再只依靠传统征地方式来推进空间“再造”。

从全国来看，佛山并非首个提出“政府做地模式”的城市。上海、杭州等地已有不少探索，而相邻的广州2024年发布《广州市支持统筹做地推进高质量发展工作措施》，越秀集团、广州建筑、广州地铁等全资国企被认定为做地主体。

无论是对于佛山，还是整个珠三角，一个关于土地强整备、精利用的强烈信号已释放：旧的产业思维和模式正在进一步打破，新的探索已经在路上。

第二节
创新升级　突破大而不强

制造业是佛山的根本。佛山注定要靠制造业立市、富民，这是历史，也是现实，更是发展规律。

佛山制造业规模很大，规上工业总产值仅次于深圳、苏州、上海，居全国第四，但同时也有一个长期以来需要解决的问题，那就是“大而不强”。

比如，佛山先进制造业和高技术制造业增加值占规上工业增加值的比重，不仅在珠三角排名较为靠后，在全国万亿级城市中也是靠后的。而且，新兴产业在经济发展中的贡献率和占比都比较低。

要解决这个问题，只能靠科技创新、靠产业升级。

传统产业当主角的背后

佛山制造业的“大”，已经非常明显。但从构成来看，这很大程度上还是由传统产业支撑起来的。

传统产业长期当主角的背后，“不强”的问题也比较典型。这体现在制造业的创新能力、技术含量、产业层次等维度，与制造业体量并不能充分匹配。

2024年1月，科技部科学技术信息研究所发布《国家创新型城市创新能力评价报告》，佛山在国家创新型城市排行榜中仅排名第52位，远低于佛山工业规模、经济总量在全国的排名。相比之下，不少GDP远低于佛山的城市，如芜湖、马鞍山、淄博、徐州等，都排在佛山前面。

R&D经费支出是衡量制造业科技创新实力水平的重要指标。2022年，广东R&D经费支出超过百亿元的地市有7个，其中深圳1880.49亿元、广州988.36亿元、东莞458.72亿元，经济总量在全省排在第三的佛山，R&D经费为359.53亿元，反而低于东莞。

看佛山的具体产业，就能理解上述数据背后的原因所在。

佛山传统产业起步早、占比高、规模大。据统计，2022年，佛山生产了5907万个微波炉、3439万个电饭锅、4984万件家具、3768万双皮革鞋靴、80 502万平方米墙地砖……这是佛山制造的基底、优势，是佛山在改革开放40多年中形成的宝贵生产能力。

然而，在新兴产业、未来产业方兴未艾的年代，佛山这样的产业结构，就显得非常吃亏：这些产业普遍属于劳动密集型产业，不仅产品附加值不够高、竞争门槛低、产业升级的难度高，而且对出口市场有很强的依赖度。这样的产业，如果没有做好转型升级的准备，就容易变成“老产业”，在区域竞争中就容易落下风。

也正是深知这样的产业结构带来的局限性，佛山才下定决心，在“科技+产业”这条路上用尽全力，希望建设更加青春、更有科技含量的制造业体系。

激活企业创新力量

缺什么，就补什么。近年来，佛山努力补齐创新的短板。

在2023年度国家科学技术奖榜单中，佛山再创佳绩：作为主要完成单位，佛山市相关单位勇夺国家科技进步奖二等奖4项，刷新了十年来的新高。尤为值得一提的是，佛山科技创新生态的持续优化吸引了高端人才的汇聚，5家重点科创平台引入的14名杰出科研人员，组织参与了9项国家奖项目。

与此同时，广东省科学技术奖同样传来喜讯。佛山企事业单位牵头或参与完成的省科技奖高达23项，其中作为牵头单位获奖的12项，连续五年稳居全省地级市榜首。国家科学技术奖与省科学技术奖辉煌成就的背后，凝聚着佛山持之以恒地以制造业为核心，不懈推动产业与科技互促双强的生动实践。

无论是经济形势顺风顺水、回旋空间大的时候，还是遇到沟坎起伏、下行压力大的时候，都不能动摇佛山发展制造业的决心。近年来，佛山坚持制造业当家、积极培育新质生产力，经济高质量发展不断“向上向新”，其中，产业与科技融合聚变，无疑是耀眼的一笔。

数据显示，佛山全市人才资源总量达245万人，市科技创新团队235个，各类领军人才超400名，带动集聚19个院士团队落地佛山；省科技奖获奖数量连续4年排名广东地级市第一。

这样的成绩，来之不易。激发企业作为创新主体的新动能，是一个关键。近年来，佛山实施科技型企业梯次培育工程，构建“创科技企业、科技型中小企业、高新技术企业、科技领军企业”梯次培育机制，突出并落实企业科技创新主体地位。

2023年，佛山市创新型企业主体培育成效明显，全市高新技术企业突破1万家，跃居全省地级市第一。围绕科技企业成长的全生命周期，印发《佛山市科技企业孵化载体管理办法（试行）》，引导建设集“众创空间—孵化器—加速器”一体化的科技企业孵化链条。在创新准备环节和研发环节，佛山强化税收优惠力度，全面落实研发费用加计扣除政策，多措并举推动年产值10亿元以上的制造业企业建立研发机构，提升企业创新能级。

激活企业的创新力量，佛山收获满满。佛山全市累计建有全国重点实验室1家、粤港澳联合实验室1家、省重点实验室26家、市重点实验室18家、省工程技术研究中心902家、市工程技术研究中心1488家，其中省重点实验室和工程技术研究中心建有数量均居全省地级市第一。佛山还培育国家级专精特新“小巨人”企业86家、国家级单项冠军20家、省级专精特新中小企业2035家、创新型中小企业3886家。

强化科创平台支撑

如何以战略科技推动制造业实现新跨越？佛山统筹各类科创平台建设，推动科技创新和产业创新融合发展，引领经济高质量发展迈上新台阶。特别是以各类科创平台为“骨架”，不断优化创新创业环境，搭建科技创新的朋友圈、资源群、协调站。

在佛山桂城，季华实验室牵头实施“璀璨行动”，获省战略专项支持；成功研制我国第一台、全球第三台G4.5高分辨率OLED喷墨打印成套装备；累计向国家、省等争取科研项目312项，总经费29.4亿元；累计申请发明专利1907件；累计孵化企业20家。

在佛山丹灶，仙湖实验室已成功获国家能源局批准建设“国家能源氢能及氨氢融合新能源技术重点实验室”，开发的国内首台氨氢融合直喷零碳内燃机点火成功，成功出炉全球首块零碳氨燃料烧制的瓷砖；在第三批省实验室验收考核中评为优秀，获省2.9亿元奖补。

□ 佛山仙湖实验室 （戴嘉信摄）

此外，蓝橙实验室建设迈入快车道，获批建设全国重点实验室，实现佛山国家级重大科技创新平台零的突破。

为更好地促进科技赋能制造业，佛山近年来积极推动实现“三个一批”：

一是依托科研平台集聚一批。与季华实验室、仙湖实验室等互动，提升招商引才精准度和产业适配度，引育一批能够掌握或突破产业关键核心技术的科技领军人才和创新团队等。

二是走出去面向海内外主动招引一批。与投促部门联动，定向招商、主题招商、产业链招商，引进一批龙头项目、“专精特新”项目。

三是依托科技活动吸引一批。通过在佛山举办中国创新创业大赛等活动，以项目带人才的方式吸引一流科研人才到佛山创新创业。

在这些举措的带动下，佛山科技创新人才加速集聚，“人才强磁场”效应显现。数据显示，佛山已培育引进省、市科技创新团队超240个，拥有博士超7000人。

打造百亿中试产业

科技成果只有完成从科学研究、实验开发、推广应用的三级跳，才能真正实现创新价值。其中，中试产业是佛山完成“三级跳”的关键。

佛山清醒认识到，中试产业是提高科技成果转化率、增强产业孵化能力、降低企业创新成本的关键一环，佛山发展中试产业，对推动产业与科技融合聚变、培育发展新质生产力具有重要意义。

有了强大起来的中试产业，佛山就能聚焦产业科技创新，坚定不移推进中试产业发展步伐，推动更多科技创新成果在佛山落地转化，从“试验场”走向“大市场”，催生新产品新产业。

2024年，佛山市召开中试产业高质量发展大会，会上解读了《关于加快发展中试产业的意见》，发布了《佛山市中试产业服务联盟倡议书》，并为5家概念验证中心、20家中试平台进行首批授牌，签约6个中试项目，吹响了佛山大力发展中试产业的号角。

在这次大会上，佛山宣布，聚焦产业发展所需，围绕构建“中部强核、东西两带、南北两圈”产业格局，加强中试平台系统布局和能力建设，强化中试资源开放共享，高水平打造实用型中试平台，推动佛山构建年轻态现代化制造业体系。聚焦打通创新链条，系统优化中试产业创新生态，强化政策保障、金融支持、人才供给，打造“概念验证之都、小试中试天堂”的城市新标识，努力开创佛山高质量发展新局面。

根据《关于加快发展中试产业的意见》，佛山将围绕推动中试产业高质量发展的核心任务，聚焦重点产业集群、细分专业领域，布局建设一批国家级、省级中试平台，建立健全中试服务网络体系，提升科技成果转化效率，促进产业链、创新链、人才链、资金链深度融合，为全市因地制宜发展新质生产力、高质量推进新型工业化提供有力支撑。

按照目标，到2026年，佛山全市中试能力明显提升，重点产业链中试平台实现全覆盖，中试服务体系不断完善，建设具有公共服务能力的中试平台超100家，打造一批开放共享、连接科研与产业、具有产业影响力的中试平台，中试对制造业的支撑保障作用显著增强。到2030年，佛山中试

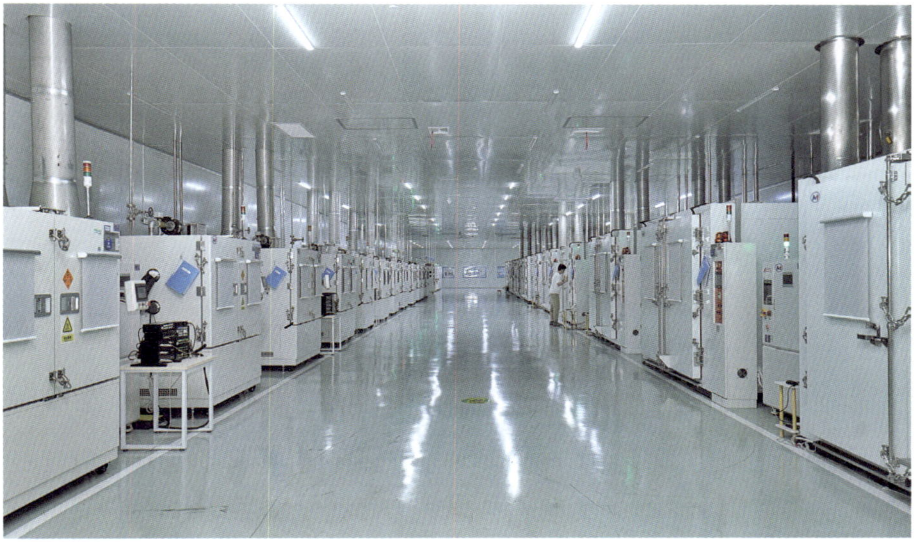

□ 有研（广东）新材料技术研究院中试验证平台　（廖明璨摄）

产业高质量发展格局基本形成，中试产业发展生态更加健全，拥有公共服务能力的中试平台超200家，形成市场化、专业化的中试服务网络体系，成为具有全国影响力的中试产业高地。

这样的雄心壮志，佛山是有底气支撑的。佛山已建有概念验证中心、小试中试平台逾100家，总投资超百亿元，覆盖了新能源、新材料、高端装备制造等战略新兴领域。

比如，广东微纳院半导体微纳加工中试平台通线，联合地方国资成立首期规模1.2亿元的“南芯一期”产投基金，累计孵化引进科技型企业43家。佛山智能装备技术研究院机器人中试平台，牵头建设的104亩南海智能机器人科创园投入使用，引进孵化了华数机器人、登基机电等10家高科技企业。

展望未来，佛山将有更多中试平台、科研平台充分发挥承上启下的优势，向上链接高校、院所等科创资源，向下匹配企业、园区等应用场景，通过为产品找场景、为场景找产品，孵化出新产品、新企业、新动能。

这是佛山破解制造业大而不强的必由之路，也是佛山高质量发展的必由之路。在这条路上，势必会创造更多精彩的奇迹。

第三节
史无前例　万亿级大招商

佛山产业转型升级的一个重要战法，就是以前所未有的力度开展“万亿级大招商”，为新质生产力和战略性新兴产业储备雄厚家底。

举办佛北战新产业园医药健康产业投融资对接会，达成近6亿元的融资意向；嘉士伯佛山三水生产基地投产，啤酒年产能达50万千升；北斗航天卫星应用科技集团大湾区北斗时空大数据中心暨产业合作基地项目计划落户佛山，总投资超百亿元……

这样的好消息，在招商引资屡创佳绩的佛山并不罕见。“十四五”期间，佛山市委、市政府下决心开展大招商、招大商，为佛山经济社会高质

□ 近年来，佛山的产业引力和城市活力不断增强，引进一大批项目　（廖明璨摄）

量发展搭建高端平台、引进优质项目、集聚战略资源，打造制造业强市，促进高质量发展。

从2021年至2023年，佛山招商引资签约金额连续三年分别跨过2000亿、3000亿、4000亿三个台阶，实现三年招商引资破万亿元。这是佛山招商引资历史性的突破，也是其深化招商引资工作体制机制改革的成果，为这座制造业大市推动高质量发展提供了强劲动能。

面向未来，依托焕然一新、行之有效的招商引资体制机制，佛山坚持制造业当家，积极构建年轻态现代化制造业体系，全力推动制造大市向制造强市迈进，让佛山制造基业长青。

招商引资三年破万亿元

位于佛山大塘新材料产业园的1500亩地块正在加紧施工，这里将建设投资238亿元具备50万吨电池循环利用的规模化生产基地，由广东邦普循环科技有限公司投资。

作为佛山近十年来引进的体量最大的工业项目，邦普循环项目是佛山招商引资的缩影。事实上，除了该项目，近年来，还有星源材质华南新能源材料产业基地项目、一汽大众佛山新能源汽车发展跃阶项目、德国SEW-传动设备华南制造基地项目、长盛科技3万吨高性能碳纤维生产基地项目等多个投资超百亿项目落户佛山。

而就在2024年8月30日，北斗航天卫星应用科技集团大湾区北斗时空大数据中心暨产业合作基地项目正式落户佛山。这是落地佛山的又一个百亿项目，将打造全国重要的北斗创新成果转化地、产业发展集聚地和规模应用示范基地。

招商引资，正在成为佛山高质量发展的重要引擎。从2021年开始，佛山招商成绩就在不断向上攀登，就像芝麻开花节节高。

2021年，佛山招商引资1亿元人民币或1000万美元以上项目388个，签约投资额2979.69亿元。2022年，佛山招商引资1亿元人民币或1000万美元以上项目428个，签约投资额达到了3465.98亿元，刷新历史纪录。紧接着，2023年，佛山招商引资首次突破4000亿元。这也意味着从2021年到2023年，佛山实现招商引资三年破万亿元。

招商引资1万亿元，在佛山的时空坐标中是一个全新的高度。对这座城市而言，这并不只是一个数字，也不仅仅是某一局部领域的改观，而是牵一发而动全身的全局性变化。

随着招商总额的攀升，佛山全市招商项目量质齐升、战新产业占比稳步提升，有力赋能新型工业化，为经济稳增长、调结构、促发展作出了重要贡献。

重大产业项目被视为招商引资的核心目标，这类项目不仅意味着更大的投资额，往往也是产业层次更高、被各地争夺更激烈的项目。站在这个维度观察可以发现，佛山招商引资质量呈现跨越式上升。

以2024年1—7月为例，佛山引进战略性新兴产业项目217个，签约投资总额1030.85亿元，占第二产业签约投资总额的63.35%。其中高端装备（数控机床）、新材料产业项目签约数量最多。医药健康、工业机器人产业项目集聚效应明显，奥比中光、博嘉拓、埃斯顿-克鲁斯等超八成工业机器人项目落户在顺德；朗生新材料、南方牙谷等超半数医药健康产业项目分布在佛北战新产业园，涵盖个人护理品、器械设备、医用材料、药物及生物合成等细分领域。

向招商体制机制“开刀”

招商引资实现三年过万亿，规模更大、质量更高，这个突破意义重大。

2023年，佛山GDP近1.33万亿元，规上工业总产值超3万亿元。这些新的成绩，无不与招商紧密相连。

这也是一个来之不易的胜利。过去佛山招商引资面临着一系列“搞不定”的难题，持续多年没有得到真正解决。这些难题在很大程度上超出了狭义的招商工作。

2021年8月，佛山市委十二届十三次全会首次提出以“四大决心”促“四大改变”，即决心改变工业不连片、供地不保障、产业不高端、招商不给力的状况。这些必须改变的全局性问题，也正是招商引资面临的主要难题。

佛山把招商引资作为改革开放的一个重点工程，着力破除体制机制障碍，在深化改革中建立健全招商引资工作机制。

招商组织架构和队伍的变化，是观察佛山招商改革的一条主线。作为其中关键的“起手棋”，2021年8月，佛山成立市招商工作领导小组，并首次组建市招商办，负责组织开展全市重点项目招商，并跟踪服务重点招商项目落地。

紧接着，2022年，佛山首次组建政府工作部门市投资促进局和五区招商局，实现招商机构实体化、招商队伍专业化运作。当年，佛山招商引资签约投资总额取得历史性突破，首次突破3000亿元大关。

2023年8月，针对招商引资新形势、新任务，佛山组建驻北京、苏州、深圳三个工作组。同时，佛山组建七个由市领导担任组长的重点产业招商专班，包括市委常委、常务副市长担任组长的新型储能产业招商专班，市委常委、组织部长担任组长的医药健康产业招商专班等，极大提升了佛山战略性新兴产业招商水平。

在招商工作机制和队伍重塑的同时，佛山以史无前例的力度提升了项目服务能力。为推动重大产业投资项目快审快批快建，2022年9月，佛山宣布，对投资总额10亿元及以上重大产业投资项目，实施全程审批代办服务管理。对列入审批代办服务的每个重大产业项目，佛山均成立一个“领导小组+代办小组”负责审批代办服务，其中投资超过100亿元的重大项目，由市委或市政府主要领导担任组长。

服务的目标是加速。佛山承诺，每个项目在佛山的审批时长不超过1个月，特殊情况不超过两个月。正是一系列这样突破性、创新性强的举措，让佛山招商引资的体制机制脱胎换骨，形成强大竞争力。

让佛山制造基业长青

三年过万亿背后，佛山还着手破解了另一个突出难题，那就是土地和园区。

长期以来，佛山很多产业发展呈现“星星点点”“天女散花”的特点，产业不连片、工业不成带问题严重，“大项目找不到落脚点”成为突出现象。

为此，佛山在强化招商引资的同时，以产业布局优化调整提升土地利用效率。近年来，佛山从宏观上积极构建“中部强核、东西两带、南北两圈”高效联动产业格局，守住450平方千米以上工业用地红线；从中观上高标准建设佛北战新产业园和“双十园区”，扎实开展老旧工业园区改造；从微观上实施工业用地“亩均论英雄”改革，规范“工业上楼”建设标准，筑牢制造业高质量发展空间基础。

其中，佛北战新产业园规划面积518平方千米，工业用地面积170多平方千米，瞄准医药健康、高端装备、新能源、新材料、新一代电子信息等

□ 建设中的茂名高州·佛山三水产业合作园　（戴嘉信摄）

新兴产业开展招商引资，出现了良好发展势头，逐步成为佛山优化产业空间布局的担纲主角。

而十大创新引领型特色制造业园区立足区位优势、产业优势、发展优势，清晰定位特色产业门类，坚持一个园区、一个主导产业、若干配套产业的“1+1+N”发展模式，推动产业“物以类聚”、成行成市，破解佛山“产业不成带、工业不连片”问题，推动形成布局合理、定位清晰、特色突出、集聚有力的产业发展园区。

一方面全力推动产业空间格局优化和产业园区高质量发展，一方面推进招商引资“一把手工程”……佛山最重要的目标，就是有效整合资源，构建年轻态现代化制造业体系，防范掉进“老工业基地陷阱”。

佛山招商引资带来的变化不仅在于推动经济总量更高，也在于推动佛山制造向结构更优、更青春的方向发展。这成为探索以新型工业化推进中国式现代化的佛山实践。

在招商引资过程中，佛山把数控机床、仪器仪表、高端装备、新型储能、新材料、工业机器人和医药健康、现代物流、预制菜等九大产业作为招商引资、产业培育的重点，它们多为战略性新兴产业。

项目越来越优了，产业更高端了。新能源汽车、高端装备制造等优势产业集群在佛山加速积聚，新型储能、机器人、医药健康等产业正向千亿元产业集群冲刺，加快形成新质生产力，培育发展新优势。

面向未来，佛山积极布局绿色氢能、显示装备、基因治疗等未来产业，大力发展海工装备、数控机床等产业，让佛山制造基业长青。

奔赴新的春天，佛山步伐有力。根据目标，佛山到2026年将发展形成十个左右新兴领域的千亿元级产业集群，计划到2030年工业总产值达4万亿元。

这将是一个新的高度，也将是一个新的佛山。

第四节
技改升级　探寻“年轻密码”

一张张家电订单涌入系统，与来自供应商的存货数据交汇“碰撞”后，瞬间完成“排队”。在系统算法的支撑下，这些订单将按照最省时省力的排序进行生产和出货。这一幕发生在广东新宝电器股份有限公司。

作为国内最大的小家电制造商之一，新宝电器拥有1400多家供应商。近年来，依托自主开发的数字化平台，新宝电器与供应商实现了协同生产，缩短了原材料供货和企业接单周期，降本增效成果显著。

这是传统产业通过新型技改手段，实现转型升级的一个缩影。佛山是全国唯一的制造业转型升级综合改革试点城市，技术改造一直是佛山保持制造业活力的重要手段，佛山技改总量连续多年位列全省第一。

回首改革开放40多年，佛山从“三来一补”起步，一路发展成全球的制造业重镇。在这个过程中，技改一直是佛山制造业升级的重要动能。如今，拥有体量庞大的传统制造业的佛山，要摆脱掉入“老工业基地陷阱”的危机，技改也是解题的关键。

近年来，佛山不仅持续引进新设备、新技术，大力支持企业技术改造，更通过支持技改走向“高端化、智能化、绿色化、融合化”，推动传统产业升级和新兴产业崛起，支撑佛山迈向制造业创新高地。

技改基因　佛山传承

佛山产业对技改的重视并非只在今天。回望改革开放40多年，佛山是一座因技改而成就的制造之城，技改是佛山持续提升产业竞争力的关键一招。梳理佛山各大支柱产业的起步史，开端大多源于技改。

其中，最广为人知的，当属佛山陶瓷产业的技改故事。

在改革开放之初，作为“千年陶都”的石湾得风气之先，石湾的陶瓷工业公司下属的两家陶瓷厂，成功试制了我国内地的第一批彩釉砖。当时用的是几十吨级的手动摩擦压力机，成本很高，利润很低。尽管如此，这次试制成功也让从业者看到了建陶工业发展的巨大机遇。

他们很快采取行动。1981年，一支来自石湾陶瓷厂的考察团，奔赴意大利、西班牙展开为期一个月的考察。此行让他们深刻意识到国内陶瓷工业与国际先进同行的差距，并决心要缩小这种差距，而引进“洋生产线”成为解题关键。

然而，当时引进一条生产线需要200多万美元，并且不包括煤气厂设备。对于当时的石湾来说，要筹集这么多外汇几乎不可能。经过反复协商，最终交易各方决定采取补偿贸易的方式，由港商为生产线付钱，然后石湾用生产出来的产品还债。

最终在1984年，我国首条从国外引进的彩釉砖生产线在石湾利华装饰砖厂点火试产成功，拉开了中国建陶工业现代化的序幕，也孕育了日后占中国建陶行业一半的佛陶集团，奠定了佛山陶瓷的江湖地位。

在日后的佛山制造业发展历程中，这种不惜大笔投入求技改、争先进的案例数不胜数。技改成为佛山制造业的传承“基因”。放眼佛山，海天、九江酒厂等佛山长寿企业，家电、陶瓷、铝型材等佛山长青行业，都是技改的坚定践行者。

海天味业是首批“中华老字号”企业之一。有着300多年历史，这个昔日的酱油小作坊，已成为世界级调味品龙头企业，产品涵盖百余品种800多个规格，销往100多个国家和地区，年产值超250亿元。

回顾海天味业发展历程，技改是不容忽视的关键词。早在2003年，海天味业就引进国内第一条全自动包装生产线，使得生产效率有了质的飞跃。2008年起，海天味业开启数字化转型。

结合工艺技术和生产模式创新，海天味业年均投入超2亿元，自主研发制造多套独有的设备及系统，支撑“数智化”技术落地。海天味业执行总裁程雪说，适度超前的产能布局、科学先进的智能化水平，为公司带来了更大的竞争力。

可以说，早期技改集中在引进新设备、新技术，再逐步发展到自主研发设备技术，目的是实现机械化和自动化。到今天，技改已经有了更丰富的内涵，迈入“大技改”阶段，开始往采购、研发、生产、销售、管理等全流程延伸。

数字化作为实现全流程转型的关键技术，正掀起新一轮的技改热潮，而佛山依然走在这一轮新型技改的最前沿。

数改智转　提质增效

在广东兴发铝业有限公司位于三水的数字化工厂内，机器人灵活运转，各种生产数据在车间里的LED大屏上实时显示。相较于传统工厂，该数字化工厂借助智能化系统实现全流程协同生产，订单交付期缩短30%以上，产线工人减少40%以上，制造成本降低超20%。

在佛山，越来越多传统制造龙头企业像海天味业一样，面对日趋激烈的市场竞争，围绕降本增效、品质提升、绿色发展等企业需求，拿出前所未有的决心，走上“数改智转”之路。

2021年，佛山在全省率先出台《佛山市推进制造业数字化智能化转型发展若干措施》，设立总规模300亿元、首期100亿元的制造业转型发展基金，通过打造一批数智化转型标杆企业，鼓励和引导制造业企业全链条升级改造。

据统计，截至2024年6月，佛山目前超过64%、达7000家规上企业实现“数改智转”，已培育2家国家“数字领航”企业、2家世界“灯塔工厂”、73个数字化智能化示范工厂、198个示范车间。

“数改智转”开始往更多中小企业渗透。走进广东玛格家居有限公司的木门数字化智能化示范车间，仅见到几个工人在作业，更多的操作流程通过机器自主运转，并配有多个显示看板，可以清晰、实时地看到机台的生产状态、设备利用率、质量数据等内容。

这家年营收约为10亿元的企业，并非家居行业龙头，但却是行业内率先进行智能化建设的企业。2021年，该企业有两个车间获“佛山市数字化智能化示范车间”认定。

该公司董事长唐斌透露，自2006年，该企业便着手探索信息化建设，目前已打造出大规模柔性制造系统，构建出工业4.0大发展环境下的智能生产模式，通过打通多系统数据链接通道，从而实现整个公司降低能耗和生产成本、确保产品品质、增加企业效益和市场竞争力的目的。

唐斌算了一笔账：实施技改数智化前后生产人员数量减少60%，大幅度降低人力成本；生产交付周期由11天减少到2天，缩短81.8%，产品合格率由行业平均水平的80%提升至91.27%，大幅提高产品合格率和生产效率。

“数智化”进程不仅大幅提升了生产效率，也保证了产品品质。在海天味业，通过数字化的质量控制，该公司将传统人工把关环节变为494道检测点，用大数据替代人工把关，确保酱油风味始终如一，并最大程度保障食品安全。

以“数智化”为代表的新型技改，正在掀起佛山制造业一场质量与效率的再跃升。

与此同时，技改也成为佛山推动工业绿色转型的关键手段。面对庞大产业带来的巨大能源消耗，佛山依靠工业技改探路精益化，向绿色环保迈进。

陶瓷产业是传统高耗能产业。从早年环保整治的“腾笼换鸟”，到近年限期进行清洁能源替代，再到2021年能耗“双控”政策落地，过去10多年佛山陶瓷企业加速应用清洁能源，推进设备升级，推动生产工艺创新，以数字转型促节能降耗，努力实现经济效益、环境效益与社会效益相统一。

集群求索　产业裂变

随着新技术不断应用，“数智化”在佛山正步入深水区，不止步于改变企业，而是进一步改变产业集群。

龙头示范带动下，佛山制造“数智化”转型逐渐形成产业协同效应。在顺德，老牌家电巨头美的集团在2018年成立软件和云服务供应商“美云智数”，借助后者架构数字化平台，至今实现与上下游数千家供应商、渠道商在平台上协作，推动产业集群整体数字化转型。

还有新宝电器等家电龙头企业纷纷打造供应链平台，推动供应商数字化，通过产业链协同实现大幅度的提质增效。如今的家电之都，正通过一条条相互交叉的供应链路构成了一张产业互联的网。

在禅城，印染机械设备行业领军企业三技精密技术（广东）股份有限公司首创数字化染厂与云服务平台，打破行业信息封闭状态，让下游纺织企业实现全流程信息的互联互通，缩短交付周期，减少生产耗能。

技改，正在让佛山一个又一个产业集群从孤岛变成互联互通的网络，而这张网络背后的信息流通就是新的产业竞争力所在。

□ 美的库卡生产车间

在伊之密股份有限公司生产基地内，一台车身钢体生产设备正在有条不紊地运行。同一时间，设备的运行状态、产量、设备报警等信息实时被采集到云端，用户可随时随地通过手机App和电脑等终端查看。

作为佛山装备制造业的龙头企业，伊之密于2018年搭建起工业互联网平台，面向模压成型行业生产管理环节，解决客户生产过程中设备监控、效率统计、设备维修、故障处理以及工艺参数监控及追溯等痛点问题。

“机器利用的效率提高了，同时管理流程也规范了，减少了很多停机的时间，使用便捷性与效率大大提升。”伊之密相关负责人陈立尧说。伊之密已经有近千台配置平台服务的设备，涵盖家电、汽车、3C电子等行业。

从单纯的设备交易，到持续性的平台服务，这不仅大大增加客户黏性，更推动企业从设备供应商，向系统解决方案提供商转变，让企业拥有了靠服务持续赚钱的能力。

对于规模超万亿的佛山装备制造业产业集群而言，这将是一次产业升级的重大机遇。通过互联网技术搭建的互联互通能力，也将为佛山智能装备这一战新产业构建起面向未来的竞争力。

技改，不仅深刻重塑着旧行业，还在裂变出新行业。在佛山大规模技改，尤其是数字化转型的推动下，机器人产业拔地而起。

在工业和信息化部公布的2023年度中小企业特色产业集群名单中，顺德机器人制造产业集群成功上榜，成为全国100个中小企业特色产业集群之一。这也是全国唯一入选的机器人产业集群。

第五节
AI引领　重塑产业生态

在佛山这片制造业沃土上，一个看似微不足道的视觉检测装置，正悄然引领着“中国针织第一镇”张槎超过4000家针织服装企业的订单流向。

“企业告诉我，布行（即批发零售商）明确对安装该设备的工厂优先派单。”设备研发和产品提供方、探物智能科技（广东）有限公司的总经理周国华表示。

这是一个标志性的转变。2023年之前，这样的图景尚属遐想，而今却已成为佛山创新实践的生动写照。人工智能，这一让全球科学家和科技企业竞相追逐的革命性技术，在经历了多次起伏后，随着2023年AI大模型的崛起，终于突破重围，融入了大众的日常生活。

在佛山，这股AI浪潮正以前所未有的势头席卷制造业的每一个角落，算力、算法、数据这三大核心要素正被各方积极布局，而地方政府的支持更是加速了这一切的发展。那些从传统产业中涌现出的新故事，如同助燃剂一般，推动着AI技术的应用创新，赋能各行各业。

老集群的新故事

在佛山，人工智能与产业的深度融合首先从智能制造开始的。其中，工业质检环节的智能化改造尤为关键。

张槎针织产业集群，作为国内传统产业的璀璨明珠，虽享有“天下针织看中国，中国针织看张槎”的美誉，但实则是由中小微企业组成的草根型集群。集群中企业多以租赁或少量购置针织大圆机为生产基础，规模普遍不大，规上企业仅有百余家。

这种群落结构在佛山多个传统产业集群中屡见不鲜，如西樵的牛仔服饰、龙江的家具制造、石湾的陶瓷艺术、大沥的铝型材加工、伦教的木工机械以及平洲的玉器珠宝等，均展现出相似的生态面貌。

面对制造业企业对于高质量检测的迫切需求，传统质检方式的局限性愈发凸显。以纺织业为例，人工肉眼检测不仅效率低下，且错漏难免，一旦问题发现滞后，将带来原材料的巨大损耗及后续生产链的连锁浪费，成为制约行业发展的顽疾。然而，受限于传统制造业的低净值特性与中小企业对成本的高度敏感性，改变之路充满挑战。

长期以来，国际机器视觉巨头如基恩士、康耐视等，凭借其标准化的软硬件产品牢牢占据国内工业质检市场的主导地位，高昂的设备价格使中小微企业望而却步，继续沿用传统质检方式成为无奈之选。

“单价近5万元的进口检测设备，只有规上企业才会考虑，中小微企业往往难以承受。”周国华说，这是老集群至今大量保留传统质检方式的重要原因之一。

但人工智能技术的飞速进步，特别是小模型的兴起，为这一困境带来了转机。小模型，作为大模型的细分领域应用，以其经济高效的特点，精准对接了行业需求。在张槎针织产业集群，一款搭载小模型的智能验布机横空出世，它能够直接集成于针织大圆机上，实现即织即检，大幅降低了“驳布”风险，且设备成本通过租赁模式降至进口设备的十分之一，迅速赢得了超过400家中小纺织工厂的青睐。

这种变革并不仅限于张槎针织产业集群。

在有着1万个市场主体、500余家加工厂的平洲玉器珠宝小镇，玉器生产的方式变了。本土AI创业公司灵泽万川推出的AI玉器设计生产助手已被应用到了生产流程中，整个玉器定制化生产周期从17天被缩减至2天。

在有着“中国铝材第一镇”之称的南海大沥，企业排产和营销方式变了。一批铝门窗企业同样已用上了专属“数字人”。这些“数字人”不仅出现在企业门店和直播间里，还出现在了企业出海抢订单的现场——在大模型加持下，这批企业利用“数字人”录制短视频，不仅每分钟制作成本从500元降低到10元，更可实现多语种视频快速生成，成了拓市场、抢订单的利器。

风从小模型而来

给纺织行业装上“眼睛”，给玉器行业装上“双手”，给铝门窗行业装上“嘴巴”，无论是哪一个老集群里发生的改造，目的都指向了同一个：实现智能化应用，发挥AI在各行业制造端的不同优势。

打造全国智能制造高地是佛山一直以来的目标。早在2017年，我国在人工智能领域第一个系统部署文件（即《新一代人工智能发展规划》）印发实施的次年，佛山便将人工智能首次纳入了市级重大科技项目支持范畴。尽管初期在链主企业、产业基础等方面略显薄弱，但随着人工智能模型由“大”变“小”，垂直类小模型在佛山不断涌现，情况正发生改变。

科技巨头如科大讯飞、华为、腾讯等纷纷扩大在佛山的布局，它们或与本土制造业细分龙头深度合作，如科大讯飞孵化的探物智能与溢达纺织共研验布机，成功渗透多个纺织集群；或携手行业协会，如腾讯云与童装、家具协会合作，构建数字化平台。华为则另辟蹊径，与中医药企业探

□ 2024 年 5 月，华为数字中国行 2024 · 广东新质生产力创新峰会在佛山举办

索“AI+医疗”新应用。

与此同时，本土制造业龙头美的集团已率先进入实操阶段。美的库卡智能制造科技园内，“机器人生产机器人”的智造图景已经变为事实。作为华南地区最大的机器人本体生产基地，国内首条生产重载机器人的全自动化产线加速运转，每天大约有40台机器人在这里诞生，继而被送到全国乃至全球的智造工厂。

美的中央研究院智能技术与应用研究所所长奚伟介绍，美的自主研发的算法与软件平台，不仅赋能自身产线，还广泛应用于新能源汽车、光伏等领域，展现了强大的技术外溢效应。

这两类“大厂”的深度参与，提升了佛山AI产业的知名度，越来越多的细分龙头和行业人才开始关注佛山。

其表现之一，是有着“3D视觉第一股”之称的奥比中光，将企业大规模产业化的关键一子落在了佛山。

2024年1月，作为佛山的重大招商引资项目，计划总投资达10亿元的奥比中光3D视觉感知产业智能制造基地建设项目在顺德正式动工。在此之前，这家企业自建的研发办公大楼已在深圳南山顺利落成，此次落子佛山，正是意在形成“深圳研发+佛山制造”的布局，实现纵深发展。

创业者与“持火人”

同样受佛山人工智能产业新风吸引而来的，还有沈庆。这位律师出身的跨界创业者，2023年把自身的第二次AI创业之旅放到了佛山。这一年的9月，他在南海桂城创办了佛山市中科天目人工智能科技有限公司（下称“中科天目”），并在2024年推出了首款名为“天目比对”的算法产品，并在广东电缆厂等佛山制造企业中进行了应用。

这并非沈庆的首次AI创业。早在三年前，他就在广州开始了他的第一个AI创业项目。那是个名叫“熊猫AI”的项目，是一个非标合同智能写审改云平台，获得了多个国内创新比赛的奖项，已完成了第一轮的融资。他选择在广州开展第一次AI创业的原因是显而易见的。人工智能是人才、资金、技术密集型产业，对产业土壤的要求极高。“时至今日，我们在佛山也是个另类，这里的主流还是做与制造业相关的产品。”沈庆说。

但相比三年前，佛山的人工智能产业发展环境变了。佛山地方政府作为“持火人”，正点燃熊熊烈火。

透过南海、顺德两个产业大区的频频动作，可以管窥一斑。

顺德正加快培育人工智能产业。2024年，顺德区政府与华为、科大讯飞、美的集团等头部企业携手，共同启动了全区人工智能工业大模型赋能平台建设。在此之前，它已推出全省第一批公共数据要素产品，在全省率先出台数据交易专项激励政策；在全市率先组建数据要素专班，搭建区域数据供需对接平台；更走访了全区家电、家具、五金和机械制造等重点行业和相关龙头企业，梳理数据需求并作标签化处理，全面攻坚开发数据新产品。

南海区则通过制定大数据人工智能产业基地建设三年行动计划，吸引并集聚了近400家数字化、智能化企业，同时发布了多个AI应用场景，涵盖了工业质检、中药筛选等多个领域，为初创企业提供了广阔的发展空间。

在这样的背景下，中科天目以及探物智能、灵泽万川等企业纷纷落户南海区大数据人工智能产业基地。

“那个是孵化基地，入驻企业在创办头三年可享受不同梯度的租金减免。”沈庆说，基地所在的大楼二楼还专门设立了一个主题展厅，集中展示产业联盟内企业的科技成果，几乎每天都有外部企业来交流参展。他笑言自己都成半个展厅解说员了。

展厅的另外半个解说员，是灵泽万川的董事长李琢。李琢的另外一个身份是佛山本土的智慧城市服务商元亨利贞的负责人。李琢说，正是感受到地方政府在培育这一产业上的决心，元亨利贞在2023年4月组建了技术团队。

灵泽万川正是脱胎于该技术团队。它在2023年12月注册成立，成了南海区首家尝试AI赋能产业的企业。“成为‘首个’之后，在政府牵线搭桥下，我们获得了中国移动、中国联通等运营商提供的免费算力支持，这在过去一年为我们节省了2000多万元的成本。”李琢说。

一个又一个的细节，体现了佛山地方政府对这个未来产业的扶持。这种扶持的介入方式看似不拘一格，但都紧紧围绕着初创企业最关心的难点、痛点展开。尽管还少见百亿大项目落地，但初步成效已经显现。

第六节
壮大战新　制造永葆年轻

从川流不息的广佛肇高速驶入三水城西站，不到2000米处便是佛山举全市之力打造的佛北战新产业园核心起步区，三个“万亩千亿”产业大平台在此拔节生长：

云东海医药健康产业园内，百亿项目朗华工业供应链智慧科技园建设如火如荼，一栋栋厂房建筑拔地而起；在乐平大同湖高端医疗器械产业园，招商中心崭新夺目，加速推进中的科创智慧中心一派热火朝天；在大塘新材料产业园，投资238亿元的宁德邦普在此落地，投资50亿元的传化

□ 大同湖高端医疗器械产业园展厅　　（戴嘉信摄）

项目提速建设，机械作业一派繁忙。

几年前，这里不少地方还是荒地，如今，一栋栋现代厂房鳞次栉比，一批批百亿级大项目相继落地，一个个特色产业集群孕育壮大，为“再造一个新佛山”注入源源动力。

打造“万亩千亿”大载体

2024年8月12日，在佛山市三水区医药健康项目集中签约暨动工仪式上，佛北战新产业园核心起步区迎来17个项目签约、动工，投资总额超百亿。

这是佛山北向战略发展战新产业结出的硕果，也是佛北战新产业园打造“万亩千亿”产业大平台的阶段性成果，将有力推动佛山医药健康产业冲刺千亿元大关。

培育战新产业是佛山防范掉进“老工业基地陷阱”、确保制造业基业长青的关键之战。2021年11月，佛山市第十三次党代会首次提出以建设佛北战新产业园为抓手，向北重点发展先导型经济，打造战新产业集聚圈，发展高端装备、新材料和新能源等产业。

为此，佛山在南海、三水两区九镇街规划了总面积达518平方千米的“超级园区”，建设佛北战新产业园。这是佛山经济版图上最大的产业园区，也是全省7个大型产业集聚区之一。

在此布局下，佛山北部产业空间被全面激活。作为佛北战新产业园主要增量空间所在，三水片区土地开发强度只有26.7%，具备发展战新产业连成片的、规模大的、聚集性的、成本低的土地空间优势。

依托连片大空间，该片区高起点规划、高标准配套、高效能建设，以全链条集聚、全要素集约、全生态和谐为主要特征，推动云东海医药健康产业园、乐平大同湖高端医疗器械产业园、大塘新材料产业园建设成3.0版现代化园区，打造佛北战新产业园核心起步区。

佛北战新产业园核心起步区内的三个园区均具备万亩连片空间。其

□ 落地佛北战新产业园的百亿项目广东医谷已建成投用　（戴嘉信摄）

中，云东海医药健康产业园，是大湾区唯一可开发用地超万亩的医药健康专区，西临北江大航道，东接云东海万亩湿地公园，环抱万亩森林公园。

该园按照生产、生活、生态“三生”共融，产业链、创新链、供应链“三链”共强，药品、药械、药检“三药”共倚，省、市、区“三级”共建的“四个三”原则规划，是佛北战新产业园的标杆，具有多重优势。

云东海医药健康产业园已吸引广东医谷、朗华供应链等百亿项目及一批龙头项目、医药健康类企业落户，涵盖个人护理品、器械设备、医用材料、药物及生物合成等细分领域。

大平台集聚大产业。近年来，随着佛北战新产业园核心起步区基础配套、产业配套持续优化，三个“万亩千亿”产业大平台日渐成形，为佛山培育战新产业提供重要支撑。

引入百亿级“链主”项目

作为传统工业大市，佛山产业基础雄厚。推动万亿城市向更高质量跃升，佛山需要更强支撑。然而，大体量之下，佛山却存在许多方面“一条腿长、一条腿短”的问题，如经济总量上的大区、小区对比落差大，区域发展不平衡不充分等。

要想跑得快，佛山必须调整生产力空间布局。佛北战新产业园不仅为佛山破解“工业不连片、产业不成带、土地碎片化”这一发展障碍闯出了路子，更在重塑制造业高质量发展新格局上发挥重要作用。

横向对比佛北两大区域，南海连续多年位居地级市市辖区排行榜第二位，2023年GDP逼近4000亿元；三水位列2023年全国综合实力百强区第31名，同年GDP突破1500亿元。如何缩小差距，佛山提出要进一步优化产业空间布局、资源要素配置，建立健全南海结对三水紧密协作机制。

覆盖南海、三水两区九镇街的佛北战新产业园成为重要枢纽。

经济发展，项目为王。受地理区位、产业配套等条件影响，佛北过去大项目稀缺。建设佛北战新产业园以来，佛山市委、市政府集中资源力量，把大量人力、物力、财力投向佛北，推动空间再造与园区升级。

在园区建设之初，新产业、大项目便“闻声而来”。2022年2月8日，佛北战新产业园甫一开园，便迎来了朗华和广东医谷两大百亿项目。此后，总投资238亿元的宁德邦普项目、投资160亿元的一汽—大众汽车新项目、固定资产投资约100亿元的星源材质项目、投资125亿元的瑞浦兰钧项目……大项目、好项目相继落地。其中，总投资238亿元的宁德邦普项目更是创下佛山全市单个项目签约投资额的历史新高。

随着百亿级“链主”项目纷纷落地，佛北区域尤其是三水区，展现出了巨大的后发优势和作为佛山高质量发展新引擎的澎湃活力。

数据显示，三水区2023年招商引资总额突破800亿元，其中战新产业投资额占比78%、占全市总量的1/3。2024年，三水有63个项目纳入省、市重点建设项目，总投资近千亿元，年度计划投资132.96亿元。

打开佛山制造“新天地”

近年来，佛山瞄准医药健康、高端装备、新能源、新材料、新一代电子信息等新兴产业，一批优质战新项目纷至沓来。佛北战新产业园的集聚效应进一步增强，也打开了产业发展的“新天地”。

2024年7月，佛山南海区安全应急产业集群、三水区精细化工新材料产业集群、三水区康复类医械和医美产业集群上榜广东省中小企业特色产业集群名单。

医药健康和新材料是佛北战新产业园核心起步区两大主导产业。其中，康复类医械和医美产业集群以云东海医药健康产业园、乐平大同湖高端医疗器械产业园为载体，精细化工新材料产业集群以大塘新材料产业园为载体。

近几年，在佛山北向战略引领之下，依托佛北战新产业园3.0现代产业园区，通过重点引进联动效应、带动性强的项目，以上两大产业加速集聚，实现快速发展。

聚焦口腔科、骨科和眼科器械三大核心产业，康复设备和医美两大特色产业，大同湖高端医疗器械产业园引入了鸿沣医疗、达浩医疗、喜妆、拜澳生物、贝豪生物等一批特色企业。大塘新材料产业园先后引进、培育

□ 佛北战新产业园核心起步区之一大塘新材料产业园是佛山市唯一的化工专业园区

（三水区经科局供图）

出司马化工、儒林化工、西陇化工、欣涛新材料、晨宝复合材料等一批知名企业。

据统计，三水区康复类医械和医美产业集群2023年总产值达到了79.87亿元，拥有38家中小企业，其中包括3家省级专精特新中小企业、13家国家级高新技术企业和3家创新型中小企业，近三年主导产业产值年均增速为13.21%。

而三水区精细化工新材料产业集群2023年总产值则突破百亿，拥有80家中小企业，其中包括28家省级专精特新中小企业、52家国家级高新技术企业，18个省级重点实验室和工程技术研究中心，近三年主导产业产值年均增速达到14.46%。

佛北战新产业园核心起步主导产业挺进省级榜单，彰显了北向战略的阶段性成效。如今，佛山云东海医药健康产业园、佛山新能源汽车产业园、佛山人才创新灯塔产业园、大塘新材料产业园、大同湖高端医疗器械产业园……一个个聚焦不同领域的细分园区落地开花，“一园一策”的配套扶持政策也相继出台，为新兴产业发展提供了广阔舞台。

佛北战新产业园已成为佛山培育战新产业集群的沃土。未来，一个个集聚成势的战新产业将挺起佛山产业“新脊梁”，带动佛山制造焕发新活力，推动佛山产业迭代、制造升级乃至城市能级跃迁。

过去40多年，中国制造业的形态特别是民营制造业的形态，很大程度上是由佛山、东莞等珠三角城市定义的。佛山的辉煌，佛山的短板，佛山的奋斗，都是中国制造业的缩影。

佛山是全国唯一的制造业转型升级综合改革试点城市，观察佛山的转型和变革，就是总结中国制造业未来的转型模式和发展路径，寻找中国提振实体经济、民营经济的最优模式，为中国制造的品质突围提供有力的探索路径。

也正因此，衷心期待，实现“草根”长久繁荣的佛山，探索出制造业的新形态，再当中国示范。

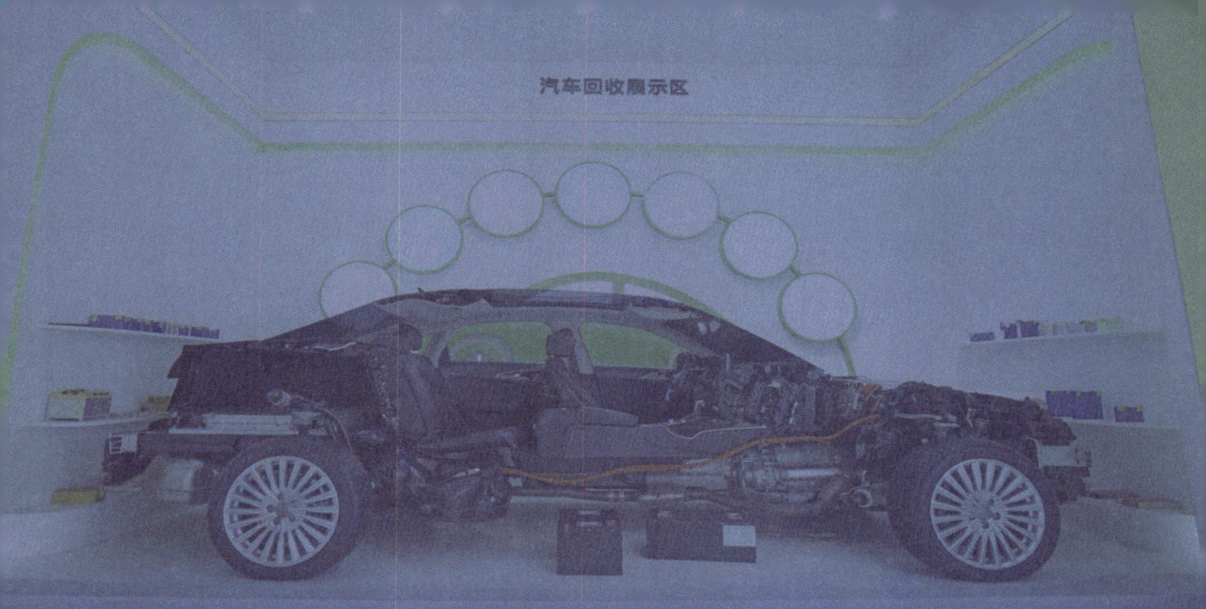

第四章 / 典型样本

佛山制造业的强大，很大程度在于市场的强大和企业的活跃。

一组数据显示佛山的活力。截至2024年9月底，佛山市场主体达171.9万户，同比增长13.07%，高出全省平均增速6.59个百分点，增速排名全省第一。

正是因为拥有170多万户市场主体，特别是拥有超过1万家规上工业企业，佛山才得以在制造业的广阔江湖中游刃有余。

在佛山的企业名录中，既有美的集团这种千亿巨企，也有东鹏陶瓷、坚美铝材、海天味业等走进千家万户的“国民品牌”，还有嘉腾机器人、广宇科技这样的专精特新“小巨人”。它们深耕佛山，赋能佛山，与佛山制造业共生共长。

近年来，佛山还涌现出季华实验室、仙湖实验室这样的高端创新平台，为制造业创新发展提供了硬支撑。

透过一批典型样本，可以看出佛山的制造实力、市场活力、创新潜力。而这也是佛山制造业新一轮发展所需要的。

美的集团：小镇“长出”世界500强

2024年9月17日，美的集团在香港上市，成为港股当年最大IPO。赴港上市，让美的享受到港股带来的突破性、便利性和快速性，成为其全球化战略布局的关键一步。

“求木之长者，必固其根本。”从一个仅有24人、筹资5000元的社办企业，到如今连续多年跻身《财富》世界500强榜单，业务遍及200多个国家及地区，在全球设有33个研发中心、43个主要生产基地，拥有超过19万名员工的跨国集团——这粒于半个世纪前在顺德北滘种下的“美的”种子，如今正以参天大树之姿扎根愈深、蓬勃长青，也成为佛山制造最亮眼的企业名片之一。

一方水土养一方企业

北滘，位于顺德之北，地处珠水之滨。这里百水交汇、积水成渊，构成了河网纵横的岭南水乡景致，孕育了包容四海的开放气度。

1968年，在这片素有改革争先底蕴的土地上，何享健带领23名村民，筹资5000元创办了北滘街办塑料生产组，即美的集团的前身。

从塑料金属制品，到刹车阀、橡胶汽车配件，再到风扇空调及至小家电，只有小学学历的何享健在尚处萌芽阶段的国内市场中，不仅培养出了异常敏锐的商业嗅觉，更将改革创新的基因深深植入美的集团。

作为第一批以改革开放为契机成立的企业，无论是彼时技术更先进的“鸿运扇”，还是后来空调这个“高级玩意”，每当面临“维持现状还是砸钱搞研发”的关键抉择时，何享健都坚定不移地带领美的投入新技术研发，持续引领国内家电产业不断革新、向上发展。

回顾过往，何享健曾动情地说："是改革开放孕育、造就了美的。"在企业不断发展壮大过程中，家乡顺德也始终与企业、企业家发展彼此成就、互利共赢。

1985年，当美的决定"鸟枪换炮"，成立美的空调设备厂进军空调行业后，面对国内市场惨淡的空调销售情况，美的在顺德政府的支持下拿到了自营进出口权，成功将当时国内卖不动的空调卖到了国外，成为中国制造业最早出海的企业之一。

而当20世纪80年代末期，面对严峻复杂的国内外形势，不少企业家对未来缺乏信心的时候，何享健却坚信家电行业新的战略机遇即将出现，于1989年在北滘投入上亿元资金建设美的工业城，"用脚投票"证明顺德仍是一片充满吸引力的发展热土。

随着1993年美的电器股票在深交所挂牌上市，美的也成为中国第一家经中国证监会批准、由乡镇企业改造的上市公司，正式进入高速发展期。

在随后的数十年时间里，美的先后经历股份制改造、选择接班人等重

□ 美的集团从一家乡镇企业一路发展壮大成为世界 500 强

大企业改革，在管理上完成了从“生产型企业”到“市场型企业”的转变；在业务上，美的不仅先后成立五大事业部，近年来还引领全行业开展机器人与自动化系统、智能供应链等技术覆盖，成为名副其实的家电王国。

正所谓一方水土养一方人，一方水土养一方企业。“美的的发展过程，每一个重要节点都抓住了机遇，无不体现出强大的改革创新能量，显现市场对资源配置的决定性作用。”站在改革开放前沿阵地，何享健在顺德敏锐地洞察到了时代的变化，作出了正确的选择。

第二引擎再造“新”美的

从美的创业开始，坚持“开放、和谐、务实、创新”便深深镌刻在美的人的骨子里。立足时代潮流、寻找企业高质量发展动力活力，更始终是美的发展进程中孜孜不倦的使命。

何享健自己总结，美的的成功离不开两点：重视人才，善于反思。其中，崇尚技术、尊重人才更是贯穿始终。对此，他有一句名言：“（20世纪）60年代用北滘人，70年代用顺德人，80年代用广东人，90年代用中国人，21世纪要用全世界的人才”。这便是最好的诠释。

改革开放初期，由于本地人才匮乏，何享健到广州第二电器厂邀请技术人员在晚上或周末到北滘，来为美的解决技术问题。“星期六工程师”也成为美的乃至全国乡镇企业人才引进史的经典案例。

数十年来，美的建立起了一套完善的选人、用人、育人、留人机制。特别是近年来，美的通过“2+4+N”全球化研发网络，建立了全球研发规模优势与全球顶尖人才引入机制。数据显示，美的在全球布局33个研发中心，拥有研发人员超过23 000人，硕士、博士等顶尖人才5000多人，其中外籍专家约500人。

以人才为引领，美的持续以大手笔投入，建设世界前沿研发平台。美的2024年半年报显示，过去5年美的研发投入接近600亿元人民币，其中，2023财年集团研发投入高达145.83亿元，同比增长15.57%，并且占归母净利润比重的（337.2亿元）的43%。

人才为本、科技领先。如今，美的坚持脚踏实地、步步为营地探索战略转型，在稳固家电核心业务的同时正积极寻找第二引擎，再造一个“新”美的。

一方面，美的持续发力机器人与自动化、楼宇科技、新能源汽车零部件、先进储能等战略性新兴产业，进一步加大To B产业投入并坚定To B转型，最终借助多元产业形成周期互补。

另一方面，在海外市场坚定OBM优先战略，加大资源投入，加强研发、制造、市场、服务等全价值链的本土化布局，完善基础设施与能力建设，将海外市场当作新的主场作战和扎根。此番美的赴港上市，未来势必将为其海外业务扩张打下基础。

几十年来，风扇、空调、机器人等产品从北滘走向全球，源源不断的人才从全球进入北滘，美的跟随时代不断变革、不断生长。“在美的，唯一的不变就是变”，敢于变革，是美的发展史上最重要的资产，更是佛山制造、中国骄傲的闪亮底色。

东鹏陶瓷：新演绎“佛山瓦　甲天下”

中国建陶看佛山。

千年窑火在此生生不息，淬炼出许许多多优秀的企业，开创了中国建陶闪耀世界的辉煌。这段光辉激荡的历史里，有一家企业不能不提，那就是东鹏陶瓷。

这家诞生于“南国陶都”石湾的龙头企业，从一间手工作坊逐步发展壮大成为市值过百亿的上市公司，不断推动产品和技术创新迭代；从国内领跑迈向布局全球，东鹏的发展模式成为行业争相学习的范本。

在其50多年的创业历程中，东鹏及其创始人始终坚持“以此为生，精于此道”的理念，与时代同频共振，不断书写“佛山瓦　甲天下”的制造传奇。

艰苦创业　创新领航

大风起于青萍之末。佛山许多优秀的企业都崛起于草根。

石湾，这座拥有千年制陶历史的小镇，承载着无数人的陶瓷梦想。1972年，东鹏的前身不过是当地一家手工作坊。后来逐步发展壮大，更名为“石湾镇东平陶瓷厂”。

1981年，梅州兴宁人何新明，秉持着客家人吃苦耐劳、艰苦奋斗的精神，大学毕业后，被分配到石湾镇东平陶瓷厂，开启了42年的东鹏生涯。

沐浴着改革开放的春风，东平陶瓷厂茁壮成长。而何新明则从基层技术员做起，一步一脚印，经过13年努力拼搏，最终晋升为厂长。

甫一上任，何新明就迎来巨大挑战。1994年东平陶瓷厂遭遇50年一遇的特大洪水，厂房、设备受到重大损失。“以水为财，我们没有放弃。”面对困难，何新明组织干部群众，想尽一切办法恢复生产。

这股不屈不挠的精神打动了当时石湾镇的主要领导。1995年12月，在政府的安排下，何新明接管了负债1.4亿元濒临倒闭的华泰陶瓷厂，重新筹备成立了石湾东鹏陶瓷总厂。

20世纪90年代，中国的企业改革进入新阶段。东鹏乘势开展股份制改革。理顺了公司的经营管理架构后，何新明意识到，必须尽快研发一款拳头产品打响市场。有一次，在佛山宾馆接待客户时，何新明被大堂地面的一块精美的石材砖深深吸引。

他和技术团队趴在地上研究许久后，决定要做一款仿石材的瓷砖。经过无数次失败，终于成功研发出行业第一款仿石材的瓷砖——金花米黄。金花米黄一出，引爆了整个瓷砖市场，在全国掀起了“一片黄”的现象。东鹏也凭借着金花米黄的热销，扭亏为盈，从此走上了发展的快车道。

此后，东鹏不断推动产品迭代与创新，先后推出金花米黄、天山石、东鹏洞石、纳福娜洞石、墙面岩板等行业爆品，不断刷新中国建陶的新高度。

东鹏奋翅　走向世界

“北冥有鱼，其名为鲲。鲲之大，不知其几千里也。化而为鸟，其名为鹏。鹏之背，不知其几千里也。”这出自庄子《逍遥游》，也是“东鹏”之名的来源。

20世纪90年代，很多本土企业喜欢起洋品牌名。但何新明坚持，做民族品牌就要有民族烙印，要有民族的文化底蕴。“中国是陶瓷的发源地，世界认识中国就是从陶瓷开始。我们是来自东方的大鹏，成鹏之志，奋翅疾飞，搏击长空。”

这样的信念也成就了企业的品牌。1996年，“东鹏”品牌横空出世，成为行业首家导入品牌战略的企业。东鹏对品牌建设非常重视，投入力度大，且勇立潮头。业内第一个机场广告、第一个家居文化广场就始于东鹏。依靠强大的品牌实力，东鹏先后获评“中国品牌价值500强”“大国品牌”“亚洲品牌500强”“中国品牌年度大奖——陶瓷行业NO.1”等殊荣。

进入21世纪，东鹏成功转制，广东东鹏陶瓷股份有限公司成立，迈向了民营企业发展的新征程。随着2002年中国加入世界贸易组织，国内企业纷纷“出海”。东鹏也不例外，在随后的20多年里，何新明与东鹏积极与国际接轨，布局全球版图。

2007年，东鹏欧洲展厅在意大利开业。2012年，东鹏拿下国际顶级瓷砖品牌REX中国区代理权。2013年，东鹏受邀参展意大利博洛尼亚国际陶瓷卫浴展览会，成为首家参展的民族品牌，开启了中国陶瓷企业进军国际市场的新时代。如今，东鹏在印度、韩国、意大利、美国、泰国、越南等国家建立了数百家独立品牌展厅，树立起良好品牌形象，向世界传递中国制造的品质。

随着企业品牌不断做大，东鹏也积极进军资本市场谋求做强。2013

□ 2014年，东鹏总部外墙挂上祝贺在香港主板上市的大幅广告

年，东鹏成为中国首家在港股上市的陶瓷企业。随后又转战A股，并于2020年在深交所上市。有了资本加持，东鹏如虎添翼。2023年实现营收77.73亿元，同比增长12.16%；归属于上市公司股东的净利润7.20亿元，同比增长256.63%。

以此为生　向新求变

从业40余年，何新明笃信“以此为生，精于此道”的理念，专心做好陶瓷这一件事。

“要实现高质量发展，首先要实现可持续发展。”何新明坦言，东鹏发展这52年里，面对过很多诱惑，也走过岔路、犯过一些错误，但所幸的是能及时把舵定向，始终坚守主业。

古人说，五十知天命。东鹏的天命是什么？在东鹏五十周年庆典上，何新明说，东鹏要用新的方法、新的理念、新的手段，达到新的高度。“这是我们未来50年的定位，大方向是不会变的。但企业经营没有定式，会因势而变，不断改变。”

近年来，随着原料、劳动力等红利的消退，市场需求与房地产行业下行，行业竞争加剧，产能过剩。中国建陶行业从过去的追求速度、规模向追求高质量发展转变。

顺势而为，因势而变。迈向高质量发展，东鹏注重提升运营效率，利用工业互联网、5G信息技术打造行业领先的智能制造工厂，实现减员降本增效。不仅如此，东鹏还牵头成立佛山众陶联产业平台，赋能全行业加快数字化转型。

对建陶行业而言，绿色低碳是大势所趋。为了摆脱“三高”的帽子，东鹏将低碳发展纳入公司最高战略，从绿色制造、绿色产品、绿色解决方案等方面率先行动，获评“广东省绿色供应链管理企业”，成为佛山制造绿色转型的中坚力量。

东鹏还将紧紧围绕新质生产力，提升自身的竞争力。对内加快从“卖

□ 东鹏石墨烯智暖岩板产品空间效果图

产品到卖空间”的转变，以“1+N”多品类产业格局，构建一站式整体家居解决方案；对外延长价值链，整合瓷砖、卫浴等品类，参与泛家居产业联盟建设，擦亮“有家就有佛山造”的金字招牌。

无论怎么变，东鹏始终坚守陶瓷，扎根佛山。“这里有悠久的陶瓷历史文化积淀，敏锐的市场意识，还有当地政府一直以来对建陶行业的重视和扶持。”何新明说。

迈向下一个五十年，且看东鹏从佛山再腾飞，乘风而起，扶摇直上。

顺德咖啡机：国产品牌走向“C”位

全球咖啡消费节节攀升，同样火热的还有佛山顺德的咖啡机生产线。

走进顺德容桂本立电器科技有限公司（下称“本立电器”），沙沙声响中，10条生产线满负荷运转，平均每30秒就有一台咖啡机下线。

顺德是中国家电之都，空调、微波炉等电器销量占据全球市场份额第一，但很多人不知道的是，顺德咖啡机产量也已悄然做到了全球第一。据统计，全球近80%的咖啡机产自中国，而中国每出口十台咖啡机，有四台来自顺德。

“以往七八月才是出口旺季，2024年上半年就感觉订单需求增长特别明显，国内市场也在快速增长。”本立电器董事长林诺锋介绍，2024年3

□ 在 2024 年春季广交会上，顺德品牌咖啡机备受外商青睐　（白桦摄）

月，本立电器投资5亿元新建的智能制造基地动工。

长年的技术积淀和灵敏的市场反应，让顺德咖啡机克服了产业淡季。通过技术创新和自主品牌打造，“顺德制造”在传统小家电领域的咖啡机赛道上焕发新活力。据统计，在天猫平台在售的商用、家用品牌咖啡机中，“顺德品牌”或“顺德制造”在中国市场占有量超过60%。

筑起技术“护城河”

林诺锋见证了顺德咖啡机发展的多个重要阶段。他介绍，当地30年前就出现了第一批制造咖啡机的民营企业。

近年来，随着咖啡文化的普及，全球咖啡机市场以4.7%的复合增长率稳步增长，有机构预测2024年全球咖啡机市场达到119.5亿美元。为抓住这波“流量”，顺德咖啡机产业从最初的OEM模式（代工生产）起步，转向ODM模式（自主设计），再到推出OBM模式（自有品牌）。

多年的沉淀，让顺德咖啡机在产品创新、专利技术突破乃至国际市场话语权方面，都有了质的飞跃。

判断咖啡机的质量有多个指标，压力萃取技术、温度控制都要精益求精，才能保证做出的每杯咖啡平均温度、研磨的粉量粗细度接近。“以前这些技术都掌握在外资和港资企业手中，但通过不断创新，顺德咖啡机企业已逐步建立一条技术‘护城河’。”作为顺德咖啡机制造的第一批“元老”，华申电器制造有限公司总经理王晓俊见证了本土咖啡机的“进化”。

如今，顺德企业在咖啡机领域专利数据明显领先于其他主要出口及代工企业，涵盖了出水口、密封圈、冲泡头等多个领域。以新宝股份为例，其在咖啡机类周边专利的拥有量排名全球第二；广东格米莱智能科技有限公司有上百个咖啡机相关专利。

过硬的技术让顺德咖啡机受到全球龙头企业的青睐。飞利浦、雀巢和意大利品牌德龙De'Longhi、澳大利亚品牌Breville等全球知名品牌的咖啡机器，都有“顺德制造”的身影。顺德本土也成长起来亿龙、雪特朗、本立、华申等一批全国主要的咖啡机出口企业。

除欧美市场外，东南亚、中东等新兴市场，也被顺德咖啡企业逐步占领。

根据不同国家的消费文化特点，顺德企业对产品进行差异化设计投放。2024年以来，格米莱新增的大量出口订单主要来自中东和东南亚地区；本立电器来自东南亚、中东等新兴市场订单占比已涨到营收的三至四成。“要求周期短，出货快，客户都追着要。”林诺锋说，2024年二季度企业订单同比增长20%。

林诺锋还在进一步开拓新市场。从东南亚到巴西，下半年他还将马不停蹄前往泰国、土耳其等地，“新的市场以及海外客户对高端全自动咖啡机及商用咖啡机的需求，给了我们更多的机会”。

推出新功能新玩法

第一批50台咖啡机，3天卖完；第二批入库450台，10天卖完。2023年底，在跨境电商平台上第一次试水自主品牌销售，迈风电器总经理李和隆用惊喜来形容战绩。与营收同步增长的，还有自主品牌带来的净利润增长。2024年，李和隆已着手扩充工厂的咖啡机产线。

对顺德咖啡机企业来说，OEM（代工生产）带来制造积累，ODM自主设计带来对市场的洞察力，OBM（自有品牌）就是产业转型的下一个方向：通过自有品牌走向更广阔的市场。

“在未来的跨境贸易中，没有品牌完全不能想象。”HiBrew创始人曾秋平说。与2017年做B2B业务代工业务相比，2019年HiBrew上架后，其产品毛利润提高了将近一倍，并成为中东家喻户晓的咖啡机品牌。

与HiBrew同步崛起的顺德咖啡机品牌，还有近两年风靡全球的STARESSO、WACACO等知名便携咖啡机。

在争夺海外市场的同时，顺德咖啡机企业也开始瞄准飞速发展的国内市场。

□ 新宝电器生产的咖啡机　（戴嘉信摄）

新宝股份2017年收购意大利品牌百胜图。“我们针对中国消费者的喜好，开发了多款本土化产品。”百胜图副总经理郭骏杰介绍，在功能和外观上发力，百胜图打造出全球第一台可变压的咖啡机，精心设计的电动压感器拿到国际IF金奖。

为满足多元化、个性化的消费需求，顺德品牌不断创新咖啡机的功能与玩法。比如小熊电器推出可24小时预约的智能咖啡机；近年来露营热兴起，HiBrew开发出了车载可充电便携咖啡机等。

以往，海外品牌主要占据中国咖啡机中高端市场。如今，这种情况正在被改变。

2024年“618”，百胜图的咖啡机产品在平台公开信息中单品排名京东第一，天猫第二。2023年前11月，在淘系平台上，仅百胜图、柏翠和格米莱三个顺德品牌的总市场占有率就达到了17%。

“我们很高兴能看到这样的变化。”郭骏杰说，2017年百胜图涉足中高端咖啡机品牌时，市场对国产咖啡机的普遍接受均价是200元，如今淘系平台上，这一均价已上升到2000元，“这说明更多国产咖啡机正在走向‘C位’”。

中南机械："极致精密"撑"大国重器"

2024年8月中旬，中国海油发布消息，由我国首条旋转导向钻井与随钻测井智能化生产线生产的"璇玑"系统，在伊拉克米桑油田实现累计总进尺40 000米，总井下时间10 000小时的新里程碑，标志着"璇玑"高端制造能力和规模化作业能力取得新突破。

不管是发往哪里的"璇玑"系统，其"出生证"上大概率都写着同一个地方——佛山南海。坐落在南海狮山镇的广东中海万泰技术有限公司（下称"中海万泰"），是"璇玑"系统的主要生产地。手握这一代表石油钻井领域最高技术的中海万泰，其背后不仅有中海油服，还有南海隐形冠军企业佛山市南海中南机械有限公司（下称"中南机械"）。

2020年，中南机械携手中海油服成立中海万泰，依托中南机械的精密零部件加工能力，"璇玑"系统得以实现规模化生产。在服务"雪龙号"科考船、国产大飞机等"大国重器"后，中南机械也再度将南海制造传奇书写进海底世界。

打破垄断的海上"贪吃蛇"

2022年4月，全国首条旋转导向钻井与随钻测井"璇玑"系统智能化生产线在佛山建成投产，"璇玑"系统正式迈入大规模产业化新阶段。

"璇玑"系统也被形象地称为"贪吃蛇"，因为它可以精准控制钻头在地下数千米"闻着"油味钻，将地下油气"吃干榨尽"，还可以在0.7米的薄油层中横向或斜向稳定穿行1000米以上，并实时分析地层资料。

这一旋转导向和随钻测井系统可以精准定位，大幅降低了油气田开发成本，是高效开发海洋油气资源的利器。因此它也被视为当今世界钻井技术发展的最高水平。然而，此技术自问世后，就一直被美国的三家油田技术公司垄断，并且只租不卖，中国的石油企业每年要为此支付巨额费用。

直到2014年，中海油服成功研发出“璇玑”钻井、测井系统并实现海上作业，终于打破了国际油田服务公司的垄断。中海油服也成为国内首家、全球第四家完全掌握该项技术的公司，中国也成为继美国之后，第二个拥有此项技术的国家。

但是，从实现技术突破到规模化量产，也还有很长一段路要走。一套“璇玑”系统包含数千种零部件，其对精密加工的要求也极高。要推动“璇玑”系统实现商业化应用，就必须先实现规模化生产。

那么，谁能承接这一重任呢？2017年，为了破解“璇玑”系统在制造工艺、产品质量、生产效率、制造成本等方面的诸多难题，中海油服面向全国招标，寻找能够助力“璇玑”系统量产的合作伙伴。来自佛山南海的中南机械脱颖而出。最终，在2019年，中南机械成功突破“璇玑”系统所有零部件的加工制造难题，推动“璇玑”系统实现量产。

□ “璇玑”系统展示　（企业供图）

超万种零部件铸就“隐形冠军”

可能很多人会疑惑，为什么会是中南机械？

“我们做过的精密零部件超过1万种。”中南机械创始人、中海万泰总经理许冠说。这句话充分凸显了中南机械的精密加工能力。实际上，中南机械的成长史，就是一部精密零部件的国产替代浓缩史。

20世纪90年代初期，珠三角经济腾飞，但电力供应却跟不上，各地纷纷建起使用柴油发电机的发电厂，由于发电机都是国外进口的，每年还要花费十几亿美元购买损坏的关键零部件。

许冠此时还在研究所工作，其研究方向正好是零部件的国产化。他看到了市场的潜力，在1990年就带着十几人的团队来到南海，开始关键零部件国产化的攻坚。在经过反复试验和改进后，零部件在使用寿命和能耗上均达到了进口产品水平，团队最终成功实现了柴油机关键零部件的国产化。

迈出第一步后，中南机械在精密零部件国产化替代的道路上越走越快。2006年，中南机械又在国内率先实现了瓦锡兰船用柴油机燃油共轨单元的国产化，并且这一共轨单元还被应用在雪龙号极地考察船上，与后来应用在国产大飞机上的精密零部件共同成就中南机械“上天入海”的美名。

超万种零部件的研发制造经验，锻造了中南机械过硬的精密加工实力。这也是中南机械取得“璇玑”系统订单的重要原因。不过，还有一个鲜为人知又至关重要的原因是，早在2005年的时候，中南机械就参与了旋转导向和随钻测井系统零部件的加工制造，其服务的正是拥有该项技术的三大国际油田技术公司之一。并且，这个项目一做就是十余年。

也就是说，中南机械不仅拥有雄厚的精密零部件加工制造实力，而且更积累了丰富的旋转导向和随钻测井系统零部件的加工制造经验。这也是中南机械战胜众多竞争对手，成为中海油服合作方的直接原因。

推动更多石油钻探装备“南海造”

即便是经验丰富的中南机械，在攻克“璇玑”系统零部件生产上也花了整整两年时间。“零部件的结构虽然差不多，但是设备不同、要求不同，要花很多功夫做调整。”许冠说。

按照与中海油服的约定，2018年，中南机械承担了中海油服在北京燕郊的工厂，做“璇玑”系统零部件的研发制造。这一年3月，中南机械副总经理胡建武带着18位员工扎进了燕郊的工厂，而远在千里之外的中南机械还在源源不断地招聘人才往北京输送。

前往北京团队的不乏在中南机械工作了20多年的资深技师，工龄最短的也有12年。在这些技师们的努力下，原有的精密加工设备被重新编程，以更好地适应特殊加工的要求；一些设备还被修复和调整，使其生产能力和精度达到标准。

同时，中南机械还千方百计降低生产造价。“璇玑”系统使用的金属材料为高强度的镍基高温合金、钛合金，加工难度大、对机床要求高、机床刀具磨损大，仅刀具磨损成本占成本比例就超过10%。为此，中南机械经过不断地摸索，采用国产和性价比较高的日韩刀具替换价格高昂的欧美刀具，将刀具磨损成本占比降低到8%以下。

2020年11月，中海油服和中南机械共同联合佛山市南海盈天投资有限公司、佛山市产业发展投资基金有限公司成立了中海万泰，落地南海狮山，距离中南机械20余千米。“璇玑”系统数千个零部件目前已经全部实现在中海万泰生产。

坚美铝材：严苛品质追求树“世界地标”

“世界铝材看中国，中国铝材看佛山。”铝材行业流传的一句佳话，充分说明了佛山铝材的市场地位。

创办于1993年的广东坚美铝型材厂（集团）有限公司（下称“坚美”），在铝型材加工研发、生产制造、下游深加工等方面积累了超30年经验，正是佛山铝材的代表性企业。

立足中华，放眼全球。从国内的央视大楼、重庆江北国际机场，到国外的阿布扎比金融中心、新加坡滨海湾金沙综合娱乐城、日本中央邮局，在全世界的知名地标建筑中，都能看到坚美产品的身影。

世界地标背后的“铝”力量

坚美是超高层建筑幕墙领域的“大师”，这一地位的来源，可以追溯到一个“不可能的任务”。

2007年，坚美接到央视总部大楼项目的幕墙设计。其幕墙由不规则的几何图案组成，造型独特、结构新颖，被业内人士认为是当时国内技术难度最大的任务之一。

坚美的技术团队经过数月的研究、开模、试错，终于突破了技术瓶颈。过程中，坚美成功挑战多个“首次”，将不可能化作现实：首次采用特殊合金材料做断桥型材、首次在型材生产过程中穿隔热条……

凭借在项目中积攒下来的独特技术优势，坚美赢得了更广阔的市场。如今，在全国85座300米以上的超高层建筑中，有28座选用了坚美的产品。

自2010年后，坚美进一步明确了企业转型升级的两大方向。

第一个方向，是向更高附加值的领域延伸，从生产铝合金型材转向生产铝系统门窗。

在港珠澳大桥这个世纪工程中，就采用了坚美的铝合金门窗型材和吊顶天花装饰型材。

波浪造型的港珠澳大桥口岸旅检大楼天幕，其设计所需的吊顶天花装饰型材具有横截面宽、跨度大等特点，对型材的生产技术和交货质量要求极高。而坚美是当时行业中能顺利完成这类型材生产的少数几家企业之一。

第二个方向，是从生产建筑铝合金型材为主向扩大工业用铝合金型材转变。

坚美从一开始只能生产铝模板、脚手架等建筑配套工业型材，到如今已横跨汽车零部件、太阳能光伏、新能源储能、3C电子、智能家居、海空装备、机械设备等多个热门工业材板块。

一汽解放、吉利、本田、特斯拉……这些著名的车企也成了坚美的客户。通过投入数亿元研发铝合金新材料，坚美成功研制出铝制车用踏板、电机壳、纵梁等部件，被众多车企广泛应用。

凭借光伏逆变器、5G天线、5G基站散热材料及热传动解决方案，坚美的产品成为多家通信类企业的采购目标对象。

品质是最高追求

坚美的创业之路始于1993年。乘改革开放东风，坚美创始人曹氏兄弟怀揣120万元，带领38名骨干员工，在南海大沥凤池工业区成立了坚美铝型材厂。

成立三十年来，产品品质始终是坚美的生命线，也是其最大的竞争优势。

20世纪90年代初的铝型材行业环境并不乐观。彼时国内的铝型材市场是典型的卖方市场，只要企业能生产出来铝材就有客户排队等着提货，所以很多铝材生产企业都不太注重品质。

在这样的情况下，坚美坚守初心，并不贪图短暂的利益，而是决心做好产品。

持续引入好设备，是坚美提升品质的重要利器。

一台日本设备的引入，改变了坚美的发展轨迹。由于日本专家与设备一同来到南海，坚美立马招来一批大学生、工程师，天天跟着专家学。集众人智慧，坚美终于掌握了挤压机的关键技术，也使挤压机的产量由初始的班产2至3吨上升到8吨。

1999年，坚美扩建了大沥高边分厂，并花巨资从日本引进中国首批立式全自动氧化电泳生产线，实现了第二次装备升级。

2006年起，坚美进入产量高速扩张发展时期。开始组建规模达千亩的狮山大型现代化生产基地，并一口气引进了5条进口生产线，实现了第三次装备升级。

截至2024年，坚美参与国家、行业标准的制定、修订近200项，曾两次荣获“中国名牌”称号，并先后荣获“广东省政府质量奖”和国家最高质量奖第二届“中国质量奖”，成为国内唯一荣获国家最高质量奖的铝型材企业。2024年8月，坚美成功入围第八届中国工业大奖候选企业名单。

向“新”而行

三十年来，坚美一直向“新”而行。

为顺应时代发展，坚美成立了子公司广东坚美新金属科技有限公司（下称“坚美新科”），向铝合金产业链下游拓展延伸，向新能源汽车铝部件全力挺进。

对于脱胎于坚美集团的坚美新科来说，跨界新能源汽车供应链，是有先天优势的。具体来说，在新能源汽车铝部件的制造环节，坚美有着铝型材铸造、挤压、成型等加工优势。

□ 坚美铝材生产车间

但是与建筑型材、工业型材不同，由于对续航里程的追求，新能源汽车铝部件追求轻量化，同时定制性很高。

此外，作为新能源汽车铝部件供应商，坚美新科还要与电池商联手，推进产品设计开发，严格执行质量和交付期要求。

其中，如何做好动力电池的热管理，新能源充电“热失控”是最大的挑战之一。坚美通过铝微晶管材料，用电池包下箱体液冷板，解决了大部分动力电池的热管理问题。这成了坚美新科的核心技术之一。

2024年，坚美新科凭借在动力电池包下箱体等方面的竞争优势，与下游理想汽车、广汽埃安、长安汽车等车企深度合作。

坚美还持续开展数字化智能化升级。2022年，坚美新科投入1.8亿元，打造了全新的高效精密智能化铝材深加工车间（电池包下箱体自动生产线）。

通过采用数控加工中心和工业机器人模式，坚美形成一整套完善且处于行业领先水平的新能源汽车电池包下箱体智能化生产线，为新能源汽车电池包下箱体生产提供了行业示范解决方案。

得益于这条崭新的产线，坚美新科的电池包下箱体生产能力提升200%，产品交付合格率由95.5%提升至100%，准时交付率由92%提升至100%，单个产品生产成本降低10%—20%，产品交货期缩短28.6%。

如今，坚美新科已在新能源汽车铝部件领域站稳了脚跟，拥有现代化全自动机器人汽车托盘生产线2条，半自动汽车托盘生产线2条，年产能超12亿元。

联塑集团：创新研发成就全球行业龙头

创新是企业蜕变的第一要义。联塑集团从无到有、由小到大、由一到多的发展历程，生动地诠释了这句话的内涵。

从1986年在佛山顺德成立的西溪塑料五金厂开始，这家企业经过30多年的发展，从一家乡镇小厂逐步成长为全球最大的塑料管材及管件制造商。

联塑的成长史，也是一部佛山制造业的创新发展史，折射出的是这座城市多元化、智能化、绿色化发展的新动能。

从乡镇小厂到行业巨头

1986年，一家名叫“西溪塑料”的小五金厂，在佛山顺德的一座小镇龙江成立。这是一家乡镇小厂，却蕴藏着巨大的创新发展潜能。

成立之初，历经数年的研发沉淀，企业终于在1993年，迎来了第一个里程碑，打造出自家拳头产品——“西溪”牌PVC难燃电线保护槽及电线护套管。

机会总是留给有准备的人。1995年，国家出台相关政策，明确支持推广应用塑料管道、塑料门窗等。彼时已经拥有产品核心优势的联塑，吃准了这一波时代红利，实现了首次腾飞。

自此，联塑发展的脚步加快。2001年在武汉建立省外第一家子公司，2010年成功在香港主板上市。

产业创新，响应时代潮流。2017年，已是管道龙头的联塑，率先打起环保大旗，成为国内第一家实现了全系列PVC管材、管件、型材产品无铅化的企业。

2018年，联塑解决了行业内大口径高密度聚乙烯（HDPE）管道存在熔垂、内缩孔、尺寸不稳定等诸多长期无法解决的技术难题，以科技创新为驱动，为中国制造业开启长效增长的进阶之路。

发展不停，创新不止。2019年，联塑再次攻克行业技术难题，完成高性能厚壁HDPE管材管件的研发及产业化。该成果产品在雄安新区、港珠澳大桥、北京大兴国际机场等国家超级工程建设中得到成功应用，彰显佛山制造的强大实力。

正如联塑集团副总裁戴浩所言，联塑品牌的每一次发展跃升，都离不开技术创新，也始终与国家战略同频。

截至2024年，联塑拥有科研人员1000余名，拥有授权专利技术1500多项，主持或参与制修订国家、行业、地方标准50多项，承担国家、省、市区级项目20多项。

强大的创新研发实力，为企业提供了源源不竭的动力。数据显示，近三年中国联塑在塑料管道的市场占有率接近20%，PVC管道市场占有率接近26%，坐稳了业内“头把交椅”。

如今，联塑在海内外建立超30个先进生产基地，逐步扩大打造“物联网、智能制造和自动化生产”为一体的智能工厂。并构建起国内最为齐全的高品质塑料管道及管件产品体系，涵盖超过70个系列、10 000多种产品，产品直径范围从16毫米至3000毫米不等，应用于建筑住宅、市政工程、农业农村、工业及商业、消防工程、燃气等多个关键领域。

联塑所从事的建材行业，是传统制造业，但因为企业积累了足够强大技术实力和创新能力，得以活跃在中国乃至世界行业舞台的最中央，成为佛山制造的“常青树”，持续为经济社会发展、民众美好生活保驾护航。

多元布局　向外突围

从一条管道到一个生态，多年来，联塑通过多元化布局，持续培育发

□ 联塑集团 （戴嘉信摄）

展新动能。

随着经济社会发展和人口结构变化，人们对“家消费”的需求由实用、满足基本物质需求向高品质、智能化、绿色化、高端化转变。

瞄准消费市场的新变化，2011年，联塑开始进军建材家居领域。2012年，启动泛家居子品牌LESSO领尚，将产品延伸至水暖卫浴、整体厨房、整体门窗等众多领域。

联塑所打造的，是从设计、生产、安装、装饰到服务的一体化家居解决方案。不仅满足新消费群体的需求，也为企业打开了新的发展空间。

近年来，中国联塑积极向多领域进行横向和纵向的创新发展，将管道产品多元化，研发和推出更多新产品，逐渐减少对房地产行业应用市场的依赖。

无论是千家万户，还是田间地头，都活跃着联塑的身影。联塑把握个别具有增长潜力的管道应用领域的商机扩大市场，逐渐构建起全产业链的可持续发展生态。

比如，在农业方面，2019年，联塑与广州田盈签约，成立联塑田盈，正式进军农业领域。如今联塑产品覆盖农业灌溉、设施、养殖、排水四大系统，满足农业现代化的多样性需求。来自农业领域的营收占比也逐年攀升，成为企业极具增长潜力的业务板块，有力推动了农业现代化与乡村全面振兴。

布局多元赛道的同时，联塑也在抢抓出海新机遇。

作为中国最早一批龙头出海企业，2007年，联塑便开始迈出“走出去”的步伐。随着业务不断精进，市场不断拓展，联塑的出海之路也从单一出口贸易向着出海设厂演进，成为中国制造业出海的典型代表之一。

截至2024年，联塑已在美国、印度尼西亚、泰国、马来西亚、柬埔寨等国家开设了生产基地。同时，在11个国家及地区成立了海外销售中心。通过在佛山总部成立海外运营中心，联塑对海外生产基地实现统一管理、全力支持，并指导海外各子公司、机构、团队快速推动品牌本土化落地发展，加强了对海外市场的渗透力下沉。

“大跨度布局是应对不确定性的一招。”“企业‘走出去’，走到哪就要像哪里的人。”著名经济学家周其仁研究发现，那些在经济周期内“活下去”并“活得好”的企业，无不遵循这两条核心法则。这也是联塑持续保持发展韧性和活力的关键。

2023年，中国联塑全年主营业收入为308.68亿元，净利润23.2亿元。联塑集团主席兼执行董事黄联禧表示，未来，集团将持续深化智能制造、绿色制造，继续深挖主产业机遇，加强多元业务协同，为高质量发展注入强劲动能。

海天味业：让佛山制造“飘香世界”

有人烟处，就有海天。

作为佛山传统制造业的代表，佛山市海天调味食品股份有限公司（下称“海天味业”）是首批“中华老字号”企业之一，至今已有300多年的历史，从曾经的小酱油厂华丽蝶变成为如今世界上规模最大的调味品企业之一。

目前，海天味业年产值过200亿元，产品线包括酱油、蚝油、酱、醋、料酒等十大系列百余种产品，产品销往全球100多个国家和地区。可以说，海天味业让佛山制造“飘香世界”。在2024中国品牌500强榜单中，海天味业以647.91亿元品牌价值，在500强榜单中排名第175位，位属

□ 产品线包括酱油、蚝油、酱、醋、料酒等十大系列百余种产品　（戴嘉信摄）

调味品领域第一名。

长期坚持“以品质为本”的海天味业，把最传统的酱油生产进行了彻底的数智化改造，实现高质量发展，为中国调味品行业转型升级提供了宝贵的探索经验。

小小黄豆蜕变记

收豆、选豆、煮豆、种曲、阳光酿晒、过滤出油……2024年夏天，海天味业打造的大型工业旅游项目——娅米的阳光城堡很是火热。上万游客走进其中，进行了一场深度“工业游”，了解古法酿造酱油的全过程。海天娅米的阳光城堡于2013年开业，截至2024年8月已接待游客超过280万人次，是一个集工业参观、科普教育、趣味体验、休闲娱乐、美食购物于一体的AAA级旅游景区。

优质原材料是食品安全和品质的保证。海天味业不计成本，奔赴千山万水选原料。每年有2.5万亿颗黄豆，从东北三江平原出发，跨越3000多千米来到佛山。而后，这些黄豆至少要在海天味业经历119道工序、494个质量检测关才能蜕变成酱油出厂，走入千家万户。

在海天味业高明工厂，面积超60万平方米的天然阳光大晒场是一大壮观景象，数万个白色玻璃池一字排开，在晒池中的每一颗黄豆都将晒足3到9个月。这是延续数百年，广式酱油最传统的生产工艺。

天然酿晒的环境中，温度自然交替，阳光具有完整的光波，使菌种中的各种酶系更持久地发挥作用，能够彻底将黄豆、小麦中的蛋白质、碳水化合物等营养物质分解成人体容易吸收的氨基酸和糖分等。由此发酵出来的酱油具有独特的品质和风味。

位于北回归线之上的佛山，年均日照300天以上，天然形成黄金阳光地带，有利于酱油发酵时酶系的生长，是晒制优质酱油的理想地带。早在三百年前，佛山就已催生出传统的酱油酿造业，佛山产酱油已行销东南亚和欧美地区。溯源于“佛山古酱园”的海天味业坚守传统酿造工艺，坚持使用阳光酿晒技术，以此保障每滴酱油的品质和鲜味。

而一颗黄豆，能够转化出多少的蛋白质，完全取决于菌种的能力。在很大程度上，企业研发人员培养出的菌群决定着成品酱油的味道。

秉承技术创新驱动战略的海天味业深谙此理，始终把菌种这个核心技术牢牢抓在手中。为了开展培育，海天味业专门成立了海天菌种研究实验室，持续开展菌种研究与技术攻坚；并且每年投入3%的营收用于科研和人才队伍的培养。目前，海天味业已经有30多个菌种获得了国家发明专利授权，平均每7个人就有1个研发人员。

酱油插上数智化翅膀

“中华老字号”海天味业历久弥新的秘诀，除了坚守传统酿造工艺外，还不断用数字化智能化等现代科学技术赋能产销全流程，提升市场竞争力。

在海天的生产车间，采用全球最先进的自动智能化极速灌装设备打造的全自动智能化包装生产线一小时内可极速生产5.2万瓶酱油，单条生产线只需4—5人操作，全程没有人为接触；智能机器人系统一改以往依靠人工驾驶叉车进行拉货的操作，一个智能机器人从下达指令到装载完成只需120秒；在立体仓库，从进仓到出仓，不再依赖人力调度，由智能化数据平台统一协调，效率大幅提升……

这是数字化助力海天味业生产的缩影。海天味业紧跟时代步伐，2008年起就全面推动企业转型升级，结合工艺技术和生产模式创新，企业年均投入超2亿元。

目前，海天味业已集成应用大数据监管、成品快检系统、智能供应链平台等先进技术，打造出了一套成熟的自动化串联工序全封闭生产线。这大大提高了生产效率，降低了人工成本，为企业带来了显著的经济效益；也大大地提高了酱油的产量，解决了供不应求的问题。而且，依托大数据监测，每一瓶酱油都可追溯其生产流程，这有效保障海天味业的产品质量。

走进海天味业高明工厂，很少看见产线工人，从一颗黄豆进厂到最

□ 海天味业包装车间 （戴嘉信摄）

后制成酱油成品，整个生产过程基本不需要人工干预，也看不到一滴外露的酱油。

作为调味品行业龙头企业，海天味业的数智化转型也带动了产业链上下游企业的转型升级。海天味业通过建设智能供应链平台，打造产业链协同制造系统，实现订单、库存、计划、交付、品质、物流各环节的数据互联互通，提高多方合作效率，如将物料计划的管理范围从海天味业内部扩展到供应商，提高物料供应快速响应度、减小供应风险。

伴随着研发和技改的持续投入，海天味业由典型的劳动密集型企业转型为资本密集型、技术密集型科技创新企业，技术工艺水平已经实现从追赶到超越，为佛山传统产业转型升级提供了示范样本。

溢达集团：匠心攻坚　首创无水染色技术

传统纺织业属于典型的高能耗、高水耗、高污染行业，在我国41个工业分类中，纺织业废水排放量位列第三，仅次于造纸和化学工业。如何减少对水的使用和污染始终是困扰全球纺织行业可持续发展的“老大难”问题。

2021年底，溢达集团历经近十年研发，创造性地实现了行业首创的活性染料非水介质染色（俗称“无水染色”，可实现上染环节100%零用水），为行业带来了颠覆性改变。2023年4月，溢达携手广东溢维环境科技有限公司（下称“溢维环境”）成功在佛山高明实现这项新技术的量产。

溢达集团是全球领先的知识型创新企业，也是全球最大的棉纺织服装制造商之一。位于佛山高明的广东溢达纺织有限公司（下称“广东溢达”），是溢达集团最大旗舰基地及创新中心，也是纺织行业龙头企业。

近年来，佛山正加快纺织行业载体和服务平台建设，通过载体保障和平台赋能助推纺织产业高质量发展。溢达集团与溢维环境携手推进无水染色技术的产业化，不仅为佛山纺织产业的绿色转型注入新动能，还将引领全省、全国甚至全球纺织产业的“绿色革命”。

行业首创活性染料无水染色

活性染料在以“水”为介质的染色过程中会发生水解副反应，这是传统染色高耗水、废水难处理的核心原因。以衬衫为例，从一朵棉花到一件成衣，用水及废水排放量最大的是染色环节，占比接近70%。

既然染色环节用水量大，制约了行业的发展，那能否不用水染色？这一想法在当时来说看似天方夜谭。但溢达敢想敢干，2013年，溢达研发团队就着手对“无水染色”技术进行探索。

从0到1，从无到有，历经3批博士后、百余位研究人员团队近十年的攻坚克难，累计投入资金逾5000万元，2021年底，溢达集团创造性地实现了行业首创的活性染料无水染色（上染环节100%零用水）。

该项技术采用溢达集团自主研发的绿色非水组合介质，取代“水”作为染色介质，彻底避免了水浴染色中活性染料的水解副反应，染色固色率超97%（目前行业平均值为60%），且无需染后水洗，历史性地实现了上染过程零用水、零用盐、零排放。按照溢达团队测算，在我国全行业使用“无水染色”技术的条件下，每年可节省约194个西湖的水量。

2022年1月，该技术被中国纺织工业联合会专家组评定为行业首创的“国际领先技术”。

2023年4月，溢达集团与溢维环境打造的“渶可染TM”活性染料无水染色量产示范线正式投产，这意味着溢达集团研发的活性染料无水染色技术成功从“实验室”走向“生产线”，实现工业化量产。

中国纺织工程学会理事长伏广伟表示，该量产示范线的投产意味着国际领先的活性染料无水染色技术成功落地，这为行业带来了颠覆性改变。

“渶可染TM”活性染料无水染色技术自推出以来，不断创新应用领

□ 溢达集团渶可染无水染色纱线

（企业供图）

域，突破界限，在纺织品市场持续掀起绿色生产的浪潮。该产线持续稳定生产，为十如仕、PYE派、播、哈吉斯等品牌提供无水染色成衣产品。

2024年7月，溢维环境还与全球领先的木质特种纤维生产商兰精集团、香港创新针织品制造商利洋针织（香港）有限公司开启三方合作，“湙可染TM”无水染色技术首次应用在天丝™莱赛尔纤维、天丝™莫代尔纤维以及兰精™环生纤™粘胶纤维上，为纺织时尚行业的可持续发展提供了一种全新方式。

从服装生产商变成技术输出商

创新是引领发展的第一动力。早在2000年，溢达集团便在佛山高明成立了研发中心，每年投入超2亿元，专注于研究新产品、新技术、新领域，为企业决策发展方向提供技术支持和技术储备。数据显示，溢达每年至少开发十余种新产品，平均每年有六七项技术成果通过科技成果鉴定。

例如，2024年7月，广东溢达自主研发的“包覆型短纤纱面料的功能性设计及产业化应用”“一种靛蓝生态环保成衣染色服装及其关键染整技术研发”等四项科技成果，均通过广东省纺织协会的专家团队鉴定，项目成果被认定为：整体技术达到国际先进水平。

40多年专注纺织服装，溢达在包括棉花、纱线、面料、成衣及辅料等在内的纵向一体化生产上积累了丰富的科技成果和生产经验。广东溢达总经理卢海介绍，立足于这一优势，近年来，溢达集团聚焦绿色化、科技化，朝着“微笑曲线”的两端加速转型，在原智能制造业务基础上，向发展培育零售品牌和技术输出两方面发力，加速从服装生产商转为技术输出商，赋能行业伙伴，共促行业高质量发展。

依托溢达研发的多项业内领先的技术和面料，如单亲单防面料、汗无痕面料、天然染料染色面料、超强防泼水面料、单向导湿面料等，溢达正大力发展培育“PYE派”和“十如仕”两大成衣品牌。

作为行业龙头企业，溢达在新技术、新设备和先进管理方面也始终位

□ 溢达智能化生产线 （企业供图）

于领先地位，参与制定的国家标准、行业标准及团体标准近50项。在自动化设备方面，广东溢达具备行业领先的自主研发能力，先后研发出自动袖侧机、领四合一联动、介英四合一联动等逾50种成熟的制衣自动化设备，其中，“前幅自动加工系统及前幅自动加工方法”还斩获中国专利优秀奖。

多年设备研发的推动下，在一件梭织基本款男装衬衣的52道基本制衣工序中，广东溢达已实现自动化覆盖率达75%；在一件针织基本圆领款T恤的基本制衣工序中，已实现自动化覆盖率达70%，均是行业较高水平，制衣效率（平均值）提升了3倍左右。

截至2024年8月，广东溢达已向业内推广逾2000台自主研发的自动化设备。

卢海表示，接下来，溢达将继续专注品牌发展和研发创新，推动天然染色工业化量产和拓展无水染色、盐回收、靛蓝回收，以及设备自动化等创新技术应用场景，同时加快技术输出的步伐，赋能行业绿色化转型和可持续发展。

华兴玻璃：耐得住寂寞　方能成为冠军

2023年11月，厦门华尔道夫酒店内，李深华接过了象征着凤凰奖（the Phoenix Award）的凤凰造型玻璃雕像。这是全球玻璃行业的至高奖项。作为广东华兴玻璃股份有限公司（下称“华兴玻璃”）董事长，李深华是第二位获此殊荣的中国民营企业家。

华兴玻璃成立于1987年，是亚洲最大的日用玻璃生产商。最新数据显示，其国内市场占有率达到了28%。

从南海罗村一间小厂房里起步，李深华三十七年如一日，始终专注于做好玻璃容器这一件事，把华兴玻璃打造成年产能达400万吨、年销售额达92亿元的“亚洲日用玻璃大王”。“我的主业还有这么多机遇可挖，为

□ 华兴玻璃的车间进行数字化改造，效率大大提升　（戴嘉信摄）

什么分散精力去做其他事？”当朋友建议李深华投资汽配产业和房地产时，李深华断然回拒。

把“瓶瓶罐罐”做到极致

炉火熊熊、机器轰鸣。狮山镇务庄工业区的华兴玻璃工厂，每天有数以千万计的玻璃容器从这里运往食品、饮料、医药等各行各业的工厂。

华兴玻璃集玻璃瓶罐生产、工艺设计、产品开发、模具设计与制造、销售服务为一体，可以生产精高白、高白、绿色、茶色等不同料色以及11 000种不同型号的玻璃瓶罐产品。

经过37年的发展，华兴玻璃在全世界拥有16家生产基地，年产能达400万吨，年销售额达92亿元、国内市场占有率达到了28%，已成为日用玻璃细分行业龙头企业。

在华兴玻璃的下游客户中，不乏可口可乐、百威、雀巢、海天、老干妈、李锦记、欧莱雅等国内外知名品牌。

为何华兴玻璃屡屡获得国际知名客户的青睐？这离不开优质的产品力。据了解，作为目前国内日用玻璃市场占有率最高的企业，华兴玻璃产品不良率仅为行业平均水平一半。

时间回到2002年，彼时的华兴玻璃刚刚拿到了第一张来自白酒企业的酒瓶订单。然而，由于生产图纸与设计图存在细微差距，产品生产出来后，瓶身的商标出现部分不平整的“质量缺陷”。

实际上，从产品外观来看，不平整的问题必须细看才能发现，而且在数百万只产品中，“问题产品”仅数个。基于此，客户也主动表达了降价接受产品的意愿。

“把价值100多万元的玻璃瓶全部当废品处理，全部砸掉！”此时的李深华却做了一个惊人决定。“如果不能保证产品100%的合格，那就算是亏损，也绝不能让不合格的产品流向市面！”李深华说。

事实上，好品质一直是华兴玻璃的底线。凭借着这种对质量问题“零容忍”的态度，华兴玻璃一路上收获了可口可乐、雀巢等一批以“挑剔”著称的大客户。

从佛山走向世界

在广东佛山，华兴玻璃有南海、高明、三水3个工厂，为整个珠三角及周边区域客户提供优质产品和服务，比如海天酱油、顺德酒厂、九江酒厂、珠江啤酒、燕京啤酒等。

目前，华兴玻璃以国内业务占主导。

为了更好地贴近国内市场，为客户提供全方位更优质的产品和服务，华兴玻璃从佛山出发，大胆“走出去”。华兴玻璃在全国12个省（自治区）布局了16家工厂，客户遍及五大洲、100多个国家和地区。

由于玻璃制品的特性，其运输半径一般在300千米范围内，超过这个距离时运输成本就难以负担。华兴玻璃相关负责人介绍，华兴玻璃围绕市场，就地建厂，一方面可以减少运营成本，另一方面可以更贴近国内各个区域市场，更好地为客户服务。

同时，海外业务也在迅速拓展中。

2024年4月的广交会上，华兴玻璃的展位前人流络绎不绝。其中，不少国外客户对华兴玻璃展出的超轻量化瓶表现出浓厚兴趣。这款产品主要用作红酒瓶，重量近360克，同时具有低碳、环保、价格低等优势。市场上，仅有华兴能做这么轻量的红酒瓶。

事实上，华兴玻璃在国内市场声名鹊起后，不少国外客户主动找到华兴玻璃，希望能够达成合作。和国际化大客户的合作，让华兴玻璃融入国际化产业链中，并且倒逼企业管理水平全面提升。

要接下百威等国际大公司的订单，并不容易。除了质量、技术外，他们同样注重合作企业的社会责任表现。

玻璃制造属于传统产业，其高污染、高耗能的问题过往一直为人诟病。早在2007年前后，李深华就开始推动华兴的环保改造和转型升级。到

2014年，华兴玻璃已经淘汰一批高耗能、高污染的落后生产线，并投入2.2亿元资金开展环保治理。

转型虽伴随阵痛，但在持之以恒的努力下，华兴玻璃成功摘掉了“双高”的帽子，并一跃而上，成为连续多年获评环保信用等级的绿牌企业。

面向未来的数字化改造

在李深华看来，数字化是公司未来二次创业的基石。

事实上，华兴玻璃在数字化上起步甚早。早在2005年，华兴玻璃就开始与日本专家合作，引入丰田精益生产模式。

2010年，华兴玻璃上线了ERP系统。随后，不同的业务模块又依据各自的需求分别上了不同的系统平台。

2015年，华兴玻璃自主研发出行列机的智能控制系统。通过让数据“上云”“上网”，将行列机的转产时间缩短了一半。

2020年开始，华兴玻璃牵手西门子，着手打造工业4.0智能工厂样板。

□ 华兴玻璃的智能化生产车间 （戴嘉信摄）

西门子为华兴玻璃提供包含自动数据采集SCADA、工业网络及网络安全、智能仪表、生产制造执行系统MES的全生命周期服务。与西门子合作后，华兴玻璃实现了数据的自动采集，避免了数据失真、数据孤岛的风险。

此后，华兴玻璃的数字化转型再加速。2021年，华兴玻璃上线首家数字化灯塔工厂，2022年获得佛山市一级数字化智能示范工厂认定。

数字化改造带来了生产效能的巨大提升。通过对比发现，华兴玻璃的质量不良率下降了20%以上，效率也提升了20%以上。如今，华兴玻璃一条生产线一分钟能生产200个玻璃瓶，一天24小时就可以生产28.8万个玻璃瓶。一张250万个玻璃瓶的订单，不到10天就能生产完成交付给客户。

从量变到质变，华兴玻璃通过数字化改造迈向高质量发展。李深华总结过往发展经验，提出了“世界先导，为我所用”的观点。在数字化改造上，华兴玻璃将继续整合代表世界一流、引领时代的技术。

季华实验室：科技与制造融合聚变

2021至2023年度独有发明专利申请量居全省科研院所前列；研制全球首颗100公斤0.5米分辨率光学成像卫星——“佛山一号”，核心指标及其关键技术居于国际领先水平；成功研制200mm×200mm OLED喷墨打印成套装备，推动我国自主装备首次实现了300ppi的高分辨率打印，性能达到国际先进水平……

这些傲人的数据与技术背后离不开一个共同的关键词：季华实验室。

季华实验室是首批四家广东省实验室之一，也是佛山融入粤港澳大湾区建设的重大创新平台。从成立之初，季华实验室就提出要做“顶天立地”的事情，既要“顶天”——瞄准国家重大专项，解决国家重大战略需求；又要“立地”——瞄准佛山产业共性关键技术需求，服务地方经济发展。

“顶天立地”的实验室

作为全国重要制造业基地，佛山也是一座创新型城市。近年来新能源、新材料、工业机器人、医药健康等新兴产业蓬勃发展。对创新的渴求，推动佛山不断向外链接创新资源。一批重大创新平台拔地而起，季华实验室就是其中最具代表性的平台。

那么季华实验室从何而来？时间回到2017年12月，广东省启动建设首批4家广东省实验室。首批省实验室由广东省委、省政府主导，广州、深圳、佛山、东莞市政府组织。其中，落户佛山的为先进制造科学与技术广东省实验室。2018年4月，佛山将其更名为“季华实验室”。5月，首批专职运营团队进驻实验室。

2017年，《深化粤港澳合作 推进大湾区建设框架协议》签订，国家发改委首次明确，大湾区要着力打造国际科技创新中心。在打造国际科技创新中心的征程中，4家省实验室的落户为大湾区创新竞赛再次加码。

翻开季华实验室的宣传手册，“顶天立地”被放在醒目位置，这正是季华实验室的定位之一。“顶天”即面向世界科技前沿和国家重大需求，实现原始创新和战略技术突破。“立地”即面向国民经济主战场和广东省重大需求，突破共性关键技术，推动产业升级。

季华实验室以打造先进制造科学与技术领域国内一流、国际高端的战略科技创新平台为目标，重点聚焦新型显示装备、半导体技术与装备、高端数控机床三大主研究方向开展关键核心技术系统攻关和重大装备研制。截至2024年8月，季华实验室累计承担国家及省部级科研项目160余项，已获批国家新型显示技术创新中心显示装备创新平台、广东省半导体高端装备及关键零部件工程研究中心等。成功研制出OLED喷墨打印装备及其配套墨水材料、SiC高温外延装备、大功率微波电源等系列成果。累计申请发明专利2007件，2021至2023年度独有发明专利申请量居全省科研院所前列。孵化20家科技型企业，孵化企业成果转化收益累计合同额超过5亿

□ 季华实验室是首批 4 家广东省实验室之一，也是佛山融入粤港澳大湾区建设的重大创新平台（季华实验室供图）

元。与过百家企业开展合作，助力制造业高质量发展。

打造佛山“科创大脑”

一方面，作为制造业大市，佛山制造业门类齐全、配套完善，“有家就有佛山造”家喻户晓。但另一方面，佛山面临大而不强、新旧动能转换的问题。近年来，季华实验室在重大项目中积极探索关键核心技术攻关新型举国体制的“季华实践”，以科技高质量发展服务制造业当家，产出了一批突破性科技成果。

——新型显示装备领域，自主研制了全国第一台、全球第三台G4.5高分辨率OLED喷墨打印成套装备，实现了31英寸144ppi基板打印与点亮，性能指标达到国际先进水平；成功研制了200mm × 200mm OLED喷墨打印成套装备，实现7英寸137ppi基板全彩打印点亮，5英寸254ppi、300ppi基板打印及UV测试，标志着我国自主装备首次实现了300ppi的高分辨率打印，一举打破国外对该核心装备的技术垄断。

——半导体装备及零部件领域，研发出8种分子束源炉，实现了收口式双温区源炉设计创新，并在客户端进行了验证和持续优化，可实现进口替代。自主研制了商用型6英寸碳化硅外延生长装备，核心部件实现全国产化，整机性能与国外主流同类机型相当，高温性能表现优于进口设备。目前，装备已通过用户企业近80批次的工艺验证试用。

——光电科学技术领域，成功研发出直径550毫米的量子跟踪仪，实现了百公斤级设备的最大口径，跟踪仪接收面积提高4倍，目前已成功与“济南一号”量子微纳卫星实现对接，可满足高效量子通信的需求。

如今，季华实验室已汇聚上千名科研人员。其中，全职院士1名、双聘院士13名、高层次人才38人，设有国家博士后科研工作站、广东省博士工作站，与20余所高校院所联合培养研究生和高技能人才。被外界认为是佛山的“科创大脑”，季华实验室也进一步更新了佛山的产业气质。

孕育更多产业苗圃

季华实验室内，印刷式OLED显示装备中试平台正在加紧建设当中，将整合国内新型显示产业上下游龙头、骨干企业、高校科研院所等创新资源，拟打造以“整线带动整机，整机带动零部件及材料、工艺”的中试线路径，搭建面向国产新型显示装备以及核心零部件的公共开发和验证平台，完成中试平台进口装备的国产替代，突破国外技术封锁，解决卡脖子困境。

从启动建设以来，季华实验室还有一个重要的职责，就是要发挥科研平台对本土产业的引领和服务功能，在依托重大项目和孵化企业培育或引进新产业的同时，帮助佛山完成更多传统产业转型升级工作，以科技创新驱动佛山制造业高质量发展。

2024年6月，佛山召开中试产业高质量发展大会，提出打造“概念验证之都、小试中试天堂”的城市新标识。而建设中试平台正是季华实验室服务本地产业的一个缩影。

为充分发挥服务功效，实验室专门制定了科技成果本地转化导向政策，规定科技成果落地佛山后，收益的90%可奖励给完成、转化成果的重要人员；对落地广东省内佛山以外区域的项目奖励比例为70%，落地省外则奖励50%，引导科研团队就地转化科技成果，服务佛山产业发展。

与本土企业构建利益共同体，则是在实验室建立伊始就着手的一项工作。通过定期调研，实验室常务副主任带队走访了佛山当地的200多家相关企业，对佛山的产业现状与需求进行了深入了解和系统性掌握。这为后来实验室聚焦企业需求与行业痛点，推进投放式创新和订单式研发奠定了基础。此外，实验室还牵头创建或主动加入产业联盟或行业协会，加强供需信息交流，推动产学研合作，促进科技成果的对接与转化。

让科技创新赋能本地产业转型升级，推动佛山制造向佛山智造转变，正是佛山不断引进创新平台的初衷。如今越来越多的科研平台在佛山大地生长，与佛山这片土地的产业融为一体，生生不息。

仙湖实验室：让氢能梦想照进现实

在佛山，除了季华实验室，仙湖实验室同样声名远扬。

2024年8月20日，由佛山仙湖实验室孵化企业建设的粤港澳大湾区首条100MW钙钛矿中试线，在佛山市南海区丹灶镇正式投产，标志着佛山在下一代光伏技术布局上走在前列。在另一个零碳技术领域，仙湖实验室科研人员与陶瓷企业员工一起，在陶瓷零碳燃烧中试线上测试新技术、新装备，2024年9月26日，他们促成全球首条陶瓷工业氨氢零碳燃烧技术示范量产线在佛山正式投产。

作为第三批省实验室之一，仙湖实验室成立四年多以来，从实验室机制体制建设、基础设施与科研平台建设，到人才引进与团队建设，都迈开了坚实的步伐，已全面启动自主科研项目立项工作，科技攻关工作取得重大成效。

□ 佛山仙湖实验室坐落于佛山市南海区丹灶镇仙湖畔，是第三批省实验室之一

基于前期重大科技成果和研究基础，仙湖实验室围绕“氢能及下一代燃料电池技术”“氨氢融合新能源技术”两条研发主线，正努力建设成为粤港澳大湾区国际科技创新中心的重要组成部分。随着一批重要工程示范、中试和量产项目持续推进，一批科研成果正加快从实验室走向生产线，让氢能梦想照进现实。

聚焦两条研发主线

自2019年11月21日成立以来，仙湖实验室就释放出强大的“科创引力”，紧紧围绕国家能源安全和“双碳”目标需求，汇聚优质科创资源，打造催生新质生产力的科创策源地。

在硬件上，仙湖实验室已建成6.3万平方米科研和办公用房并投入使用，建成绿氢绿氨工程化制备、燃料电池关键材料与发动机系统、氨氢融合运输装备碳中和、氨氢融合工业窑炉零碳燃烧、氢能与氨氢融合新能源安全检测、能源材料研究与测试、公共能源站等七大科技平台，拥有大型仪器设备超200台套，为原创和核心技术研发提供强大支撑。

目前，仙湖实验室形成了以院士、国家级人才领衔的近150人科研人才队伍，全职人员占比超过70%，其中，澳大利亚工程院院士程一兵以仙湖实验室战略科学家的身份全职落户；中国工程院院士李骏则把唯一的院士工作站落户在仙湖实验室。

依托高端人才、核心技术、硬件设施、管理运营等完善体系，仙湖实验室在原创性研究方面不断取得重要进展。据统计，截至2024年8月，仙湖实验室申请专利333件，获授权152件；发表重要期刊论文905篇，其中SCI收录678篇，光伏制氢用大面积高效钙钛矿太阳能电池印刷制备原创性成果在《Science》上发表；此外，仙湖实验室还承担了55项国家级、省部级科研项目。

自2021年，仙湖实验室在国内首次提出氨氢融合新能源理念以来，实验室将“氨氢融合新能源技术”与“氢能及燃料电池技术”并行列为两条研发主线，围绕氢能和氨氢融合新能源领域开展前瞻性、先进性技术和工程化、产业化技术研究，着力推动佛山高温制造业和交通运输业绿色低碳发展和转型升级，支撑氢能产业突破大规模低成本储运瓶颈。

2023年，仙湖实验室入选国家能源局“十四五”第一批“赛马争先”创新平台，获批牵头建设“氢能及氨氢融合新能源技术”国家能源重点实验室。同年，在广东省科技领导小组办公室组织的第三批省实验室启动建设期考核评估中，仙湖实验室成为获评“优秀”的两家省实验室之一。

屡创全球第一

在2024年2月18日召开的全省高质量发展大会上，佛山提出要在氨氢融合等新赛道上跑得快一点，助推佛山规上工业总产值在2030年迈上4万亿元大关。

南海作为佛山氢能产业的主阵地，在2023年底对打造氢能和氨氢融合装备制造千亿产业集群做出部署，并在2024年2月28日召开的第二届仙湖科技大会上发布实施方案，提出力争到2030年将氢能和氨氢融合装备制造产业打造成千亿产业集群。

面向2030年，从南海到佛山都对氨氢融合这条新赛道寄予厚望。这份信心与底气，无疑是来自氨氢零碳燃烧技术的创新策源地——仙湖实验室。

作为省实验室、佛山市战略科技力量、南海区科技创新枢纽，仙湖实验室在服务国家氢能和“双碳”目标的同时，始终以科技创新支撑地方产业发展为核心，加速科技成果转化应用，推动产业科技互促双强。

佛山雄厚的制造业基础，让新技术加快“走出”实验室，在中试平台上变成看得见、摸得着、可规模化生产的产品。在2021年12月，佛山德力泰、欧神诺陶瓷与仙湖实验室联合成立“零碳燃烧技术联合创新研发中心”，由企业出资，程一兵担任该中心主任，开发零碳燃烧产业化技术。经过近一年的技术攻关，全球首块氨燃料烧制的绿色瓷砖在佛山烧制成

□ 2024 年 9 月 26 日，全球首条陶瓷工业氨氢零碳燃烧技术示范量产线在佛山正式投产

（戴嘉信摄）

功，这也意味着全球首块零碳烧制的瓷砖烧制出炉。

仙湖实验室推动零碳燃烧技术在陶瓷产业领域应用，让头部陶瓷企业蒙娜丽莎集团看到了广阔的前景。该公司在2023年底启动陶瓷板 | 砖氨氢零碳燃烧技术示范量产线项目。2024年9月26日，全球首条陶瓷工业氨氢零碳燃烧技术示范量产线在蒙娜丽莎正式投产，年产量达150万平方米，以100%纯氨作为燃料，直接将燃料燃烧产生的二氧化碳排放量降为零，打造真正意义上的“零碳工业窑炉”。

从陶瓷产业突破，把氨氢融合的产业化道路走通后，仙湖实验室还将推动包括铝型材加工等产业在内的传统高温工业，在新质生产力加持下完成转型升级，持续助力佛山实现“双碳”目标。

让“成果”变“结果”

当程一兵带领团队攻坚零碳燃烧产业化技术时，仙湖实验室沿着研发主线，同时取得了更多关键核心技术突破，并朝着产业化目标加快迈进。

比如，仙湖实验室在燃料电池关键材料工程化核心技术取得突破，联合国家电投、武汉理工大学形成重大示范应用。在实验室重大科技成果和技术合作牵引下，2022年国家电投集团将华南氢能产业基地落户佛山南海，项目总投资100亿元。

仙湖实验室李骏院士工作站则联合一汽解放，研制出国内首台智能氢复合动力长途重载牵引车和国内首台氨氢融合直喷零碳内燃机，为交通运载装备碳中和发展提供了技术路径。

2024年8月20日，广东光晶能源科技有限公司（下称“光晶能源”）作为仙湖实验室标志性重大科技成果孵化企业，在丹灶建成投产100MW钙钛矿中试线，实现首片下线。该中试线作为粤港澳大湾区首条100MW钙钛矿中试线，是佛山依托佛山仙湖实验室加速打通科技成果转化“最后一公里”的最新成果，标志着佛山在下一代光伏技术布局上走在前列。

值得一提的是，在近年市、区、镇大力促进金科产融合的背景下，金融“活水”精准浇灌科技创新。继2023年完成1.6亿元A轮融资后，光晶能源在此次中试线投产仪式上进行了A+轮融资签约，本轮融资金额达上亿元，将主要用于解决大规模连续生产的各项工程问题，提升产能、良品率，并准备GW级量产。

据统计，通过科技成果转化，仙湖实验室先后孵化了光晶能源、广东兰石、安清科技等7家高科技企业，其中，光晶能源已完成A轮和A+轮融资。此外，仙湖实验室将依托掺氨/纯氨燃烧技术成果推进投资10亿元零碳产业建设及装备制造项目落地。

从2024年起，仙湖实验室三年运行期建设工作已全面启动。面向2024—2026年创建优秀国家能源重点实验室和建设运行期省优秀实验室的“双优”目标，仙湖实验室将在氢能及下一代燃料电池材料及系统、氢能及氨氢融合装备、高温工业零碳燃烧装备、交通运输装备等领域持续产出重大科研成果，并重点在佛山市开展工程化示范以及产业化落地。

邦普循环：扎根佛山长成新能源巨人

与广东邦普循环科技有限公司（下称“邦普循环”）一厂一路之隔，一座新总部大楼格外显眼。阳光照射在巨大的玻璃幕墙上，反射出金银交错的光芒。

这里是邦普循环创新总部。2024年10月，这座占地275亩、投资50亿元的建筑群将正式启用，成为邦普循环最核心的办公群和“研发大脑”。

20千米外，佛北战新产业园大塘新材料产业园内，总投资238亿元的广东邦普全链条一体化产业园项目建设正酣。

这是邦普循环在佛山最大的一笔投资，也是佛山近十年来签约额最大的产业项目。从一个初创公司到全球最大锂电池回收企业，邦普循环的故事，与佛山始终分不开。

□ 邦普循环创新总部 （戴嘉信摄）

梦想的种子成大树

2023年春节假期后首个工作日，佛山市委经济工作会议上，邦普循环董事长李长东成为会场受瞩目的人之一。在这场“开年第一会”上，他主要做了两件事：

一是宣布总投资额238亿元的广东邦普全链条一体化产业园项目落子佛北战新产业园大塘新材料产业园；二是表达了继续把佛山总部和一体化项目做实、做优、做强，以促进佛山新能源产业强链、补链、扩链，助力提升广东省新能源产业整体优势。

这不禁引发了外界的关注，邦普循环为何接二连三投资佛山？

时间拨回21世纪初。正在电池厂工作的李长东发现，电池生产过程中产生的边角料和次品很难处理，彼时中国生产电池需要用到的镍和钴也基本上依赖进口，成本颇高。

能不能把这些电池废料回收起来循环利用，转换成资源再用于电池生产？正是这个在电池工厂诞生的“梦想”，让李长东萌发了创业的想法。就这样，李长东与几名志同道合的伙伴募资50万元，在佛山创立了邦普循环。“邦普成立的初衷，就是联合众人的力量，将电池回收事业普及到千家万户。”李长东说。

创业初期，邦普循环的业务方向主要是电池废料回收贸易。但创始团队创业的初心，始终是要把废旧电池中有价值的资源提取出来，为生产新电池所用，让废旧电池回收实现规模化。

从贸易到实体产业的战略转型，意味着团队要进行相关技术研究、开发生产线，还要具备能力让研究成果实现产业化。而这一系列工作开展的前提，是须具备危险废物经营许可证。

当时佛山有资质从事回收业务的企业极少，作为一家刚起步的企业，如何获得危险废物经营许可证？

李长东思虑之后，决定给“市长信箱”写信。最终，经过相关部门的调研和论证，邦普循环取得了危险废物经营许可证。

也正是这一纸许可证，让一个初创团队如种子般破土而出。谁也不曾料想到，若干年后，这颗种子已长成一棵绿意盎然的大树。

接二连三重仓佛山

肇始佛山，重仓佛山。

十年磨一剑。从50万元起家的小厂房到营收突破7亿元的循环经济示范企业；从单一的化工盐企业到三元前驱体新材料销量第一的龙头企业，邦普循环用了10年。

2015年，邦普循环迎来第一个十年。这一年，是中国新能源汽车的发展元年——当年中国累计生产新能源汽车37.90万辆，超越美国成为全球最大的新能源汽车市场。

新能源汽车的爆火，让动力电池回收成为新的热门赛道。也是在这一年，动力电池龙头——宁德时代“入主”，通过入股方式成为邦普循环的控股股东，实现强强联合。

进入邦普循环第二个十年元年，李长东提出要在新起点再出发，推进“二次创业”。

这一次，邦普循环依旧选择佛山。

2016年，邦普循环一期电动汽车用正极材料产业化项目落户三水区乐平镇，佛山基地正式在佛高区三水园开建；2019年，总投资33亿元的邦普循环二期高镍正极材料产业项目再次落子佛高区三水园；2021年，邦普循环在三水追加投资50亿元建设邦普循环创新总部。

至此，邦普循环在三水乐平累计总投资超90亿元。彼时，邦普循环也晋升为百亿企业，营业收入达212.64亿元，登上2022年度佛山企业100强第17位、佛山制造业100强第9位，在上榜的所有企业中名次提升幅度最大。

更大的布局开始了。2023年，宁德时代一纸公告称，邦普循环将在佛山市佛北战新产业园大塘新材料产业园投资建设一体化新材料产业项目，项目投资总金额不超过238亿元。

该项目不仅创下2023年佛山单个项目投资额的最高纪录，也是全市近12年来出让土地面积最大的项目。约2965亩的用地面积将建成具备50万吨材料的生产基地，将有效补足省内新能源汽车产业链“一头一尾”关键的环节缺口。

这是邦普循环在三水的“四连投”。2016—2023年7年间，其在三水布局了3个生产基地和一个新总部，累计投资规模超过300亿元。

“从2005年落子佛山，19年来，我们切身感受到佛山营商环境逐年向好。”李长东说，在佛山项目动工、建设、投产各阶段，市、区、镇相关部门通力合作、靠前服务，让企业感受到实打实的政策支持和专业指导。

定向循环的核心竞争力

截至2023年，邦普循环营业收入超480亿元，在全球打造七大生产基地，覆盖亚、欧、非、南美四大洲。在国内动力电池回收领域，以占据半壁江山的废旧动力电池回收占比，成为全国第一。

如何从小工厂到大巨人？邦普循环战略研究部负责人认为，答案就藏在“定向循环”四个字中。

DRT定向循环，是指通过特殊的技术手段或处理方式，使失效物质恢复到其原本物质客观存在的属性和特征的还原过程。从2009年，邦普循环创新性地推出定向循环核心技术，在全球废旧电池回收领域率先破解了“废料还原”的行业性难题。

在邦普循环展厅，就展示了这样一种技术：从市场回收的一块电池模组开始，拆分成单体电池，破碎分选成电池粉，随后再从中提取有价金属如钴、镍、锰、锂，制备成前驱体和锂盐，再通过高温反应生成正极材料交付客户，最终成为新动力电池，形成定向循环的闭环。

“创新定向循环技术为电池全生命周期管理提供一站式闭环解决方案，拉通产业上下游，构建覆盖‘电池生产—电池使用—梯次利用—循环再生’的循环产业模式。”上述负责人表示，把一个废旧电池重新变成一

□ 邦普循环推出定向循环核心技术，在全球废旧电池回收领域率先破解了“废料还原”的行业性难题（戴嘉信摄）

个新电池，邦普循环已成为中国动力电池回收处理全流程的技术标杆。

未来，随着动力电池需求量不断攀升，锂电池生产所需的关键金属材料将出现更大缺口。当无限的消费需求和有限的生产资源之间的矛盾日益突出，动力电池生产原材料的问题何解？

电池回收，破局新生。围绕DRT定向循环技术，邦普循环相继提出了系列方法学。2023年邦普循环联合中汽研和中科院相关院所发布的动力电池回收“ICM综合权益碳方法学”，得到行业的广泛认可。同时，提出了以BTB为技术核心的再生材料追溯方法RMTM及再生材料标准RMS，解决了行业中再生料比例核算数据无法有效溯源、企业间工艺差异、产品披露缺乏连续性、溶液溯源匹配性差等共性难题，实现产品再生料正向核算和逆向溯源。

2024年，邦普循环参与完成的“全过程优化的锂电固废高效低碳处理技术与应用”项目获得国家科技进步奖二等奖，项目成果已实现大规模应用推广。

嘉腾机器人：智能工厂的“幕后英雄”

只需要一段提示文本，就能短时间内生成具有多个角色和特定动作类型，且主题和背景基本准确的高清视频……2024年开年，随着文生视频模型Sora的横空出世，让生成式人工智能再次成为关注焦点。

受此影响，在以图形处理单元（GPU）为核心技术的英伟达股价持续上涨之际，位于佛山顺德的广东嘉腾机器人自动化有限公司（下称“嘉腾机器人”）也发布消息，称英伟达在美国CES展会进行的多场景多模态展示中，对嘉腾生成式AI在激光叉车上的成功应用予以高度认可。

此举并非蹭热点、蹭概念等短期炒作行为。作为一家专注搬运机器人（下称“AGV”）赛道长达20年的专精特新“小巨人”企业，嘉腾机器人怀揣“实现在火星上搬运与救援”的更大梦想，正勇闯制造业创新“无人区”。

“为人类解决搬运问题”

“我们历时3年研发高度仅8.5厘米的全向舵轮，达到了全球最矮水平。”2024年初，在嘉腾机器人演播厅内，公司董事、副总裁陈洪波面向在场的企业家以及收看发布会直播的全球客商，首次发布“8.5厘米全向无人堆垛叉车”。

为了满足客户提出的叉车叉臂必须更薄、更窄，且可以全向运动的需求，嘉腾机器人历时3年自主研发“超矮超窄全向舵机”这个关键零部件，还在新产品上配置了高位激光导航雷达、货物编码及货位状态检测技术、SLAM系统等功能。“未来，我们将继续加强AI赋能，做到机器人产品‘开箱即用’。”陈洪波说。

机器人是“制造业皇冠顶端的明珠”，其研发、制造、应用是衡量一个国家科技创新和高端制造业水平的重要标志。早在2005年，陈洪波就和创业团队一起嗅到了AGV领域的商机，曾深刻体验到工人搬运之苦的陈洪波，更是立下“为全世界人类解决搬运问题，解放劳动力”的宏伟志愿。

理想很美好，现实很骨感。从2005年到2008年，陈洪波在创业头三年里耗尽了“第一桶金”，但卖出去的产品只有个位数，“最困难的一年，我们四个股东发完员工的工资之后，口袋里只剩下几百元。”

但嘉腾机器人上下一心，坚持做AGV的“拓荒人”。无论是公司自成立之初，研发团队用5年时间写了30万行代码，解决了1000多个问题；还是到后来花费6年时间完成20吨AGV驱动单元设计，嘉腾机器人都坚持埋头苦干，用自主关键核心技术撬开巨大市场。

机会永远垂青有准备并坚持的人。自2008年与华为达成合作以来，至今嘉腾机器人已为包括华为、奔驰等超过70家的世界500强企业提供AGV产品和服务，广泛应用于汽车、电子、锂电池生产、化工、日用品及重型机械设备生产等各种行业。

嘉腾机器人

其中，嘉腾机器人自主研发制造的“小白豚”和“大黄蜂”两款AGV，更是于2016年斩获有着“工业设计界奥斯卡奖”之称的德国红点奖，成为国内首个获此殊荣的机器人企业。

与此同时，嘉腾机器人也先后荣获国家专精特新“小巨人”企业、广东省高新技术企业、佛山市制造业隐形冠军企业，在行业内更是仓储自动化全球50强、中国工业机器人十大品牌商之一，实现企业品牌、产品双丰收。

从“卖产品”到“卖服务”

如今，作为AGV细分行业龙头企业，嘉腾机器人聚焦“改进一代，研发一代，预研一代”的研发战略，在研发投入方面始终保持10%—15%的总营收占比，约500名员工规模中技术团队人员约200人，拥有超400项专利及软件著作权，开发了逾300款细分品类，深耕AGV机器人领域。

沧海横流，方显英雄本色；风高浪急，更见砥柱中流。面对国内AGV机器人行业竞争更趋激烈、企业利润空间收缩，以及不确定、难预料成为全球市场环境的常态时，嘉腾机器人坚持以新产品拓展高端市场的同时，更进一步坚定从“卖产品”升级到“卖服务”，做AGV及智能物料配送解决方案提供商。

“同样的订单量，利润却不如从前。为此，我们主动放弃了一些低质量订单。”陈洪波表示，在国内市场，公司将有限的资源投入中高端市场中去，“2023年我们加大了对托举重量160吨AGV的研发，2024年还计划每个季度推出一款新品，用技术领先的新产品筑起护城河。”

在国际市场上，嘉腾机器人除了坚持第7次远赴德国参加汉诺威工业博览会，在这场世界最前沿技术的交流盛会上展示最新产品外，还利用其在美国底特律建立的新工厂为基点，重点提升海外工厂的生产性配套服务能力，着力扩大海外营收，创造第二增长曲线。

“企业要发展，人才是第一资源，这也是企业最迫切需要的资源。”

常年与德国企业交流的嘉腾机器人董事长陈友，深刻意识到德国制造实现品质更优的背后，是人才特别是高水平工人愿意对一家企业“终身相许”，从而确保产品品质始终如一的优势。

为此，嘉腾机器人多年来不惜重金招揽高层次人才，更早在2018年起就推行“工匠计划”，目的就是为了培养并留下具备“敬业、精益、专注、创新”精神的企业工匠，用锲而不舍的工匠精神“武装”所有工程师，深耕主业专注提升核心竞争力。

如今，在完成国产AGV产品“零的突破”的嘉腾机器人，正朝着一家全球化、世界级的公司迈进，为全球制造业企业提供最优产品和系统解决方案，满足更多现代化工业柔性生产、智能制造场景，致力于成为无人工厂、“黑灯工厂”的必备关键设备供应商，推动工业智能化、无人化走向下一个未来。

瑞洲科技：柔性材料第一智能“剪刀手”

在佛山，广东瑞洲科技有限公司（下称“瑞洲科技”）再次扛起了“技改先锋”的大旗。

瑞洲科技是国内柔性材料智能切割设备领域年产值规模最大的企业，被誉为柔性材料国内第一智能“剪刀手”，国内个性化服装定制行业前百名企业中，九成以上使用了它的设备，在柔性材料切割和个性定制江湖中颇有话语权。现在，它主动求变，在个性化生产的基础上，探索起了批量化标准化生产的新路径，第一款产品已在2024年7月推出。

支撑这一转型的，是其自2018年起持续开展的自研技术替代合作开发探索。它组建了涵盖软件、硬件、测试三大板块的“工程技术中心”，不断推动技术回笼，自研软件代替率至今已达九成，大幅削减了生产成本，更让产品线开发的自主性大幅提升。

推动技术回笼

对于技术改造，瑞洲科技并不陌生。它本身就是在助力传统产业“智改数转”中成长起来的。

智能生产线和大数据技术应用是实现柔性制造的重要前提，瑞洲科技既是设备生产商，又是软件开发和系统集成商。它为服装、汽车内饰、包装广告、制鞋等传统制造行业企业提供个性化切割设备，其基于具体应用场景所研发的智能排版软件，为百丽、红领集团等鞋服企业每年省下数百万元的材料成本。同时，数据的定期回传，也让瑞洲科技时刻掌握着其运作情况，可及时为企业生产提供各类服务支持。

正是凭着这样的软硬结合，瑞洲科技成功打造出了提升传统服装制造效率和效益的利器。

然而，在过去很长一段时间里，瑞洲科技只主导设备的硬件制造，软件则是采取合作开发的模式，需要支付较高费用。一套百万元的设备，软件价格可以占到四分之一左右。2018年前后，公司进入高速发展时期，眼看着订单大增而软件成本居高不下，瑞洲科技董事长郭华忠有了靠企业自身能力啃下这块硬骨头的想法。

用自研技术替代合作开发，是很多制造业企业寻求降本增效的有效途径，但要实现这一点并非易事。在瑞洲科技，首先要解决的是技术力量如何重构的问题。

此时，公司的“90后”“创二代”郭瑞洲的回国发展，让问题有了解决的契机。郭瑞洲专业对口，是计算机专业出身，又有世界500强企业的研发经历，父子俩一拍即合，外部团队迅速组建起来，仅用半年时间便开发出适合瑞洲科技应用的软件系统。随后，从软件研发切入，郭瑞洲把自身的团队与瑞洲科技组织架构融合起来，在瑞洲科技内部组建起涵盖软件、硬件、测试三大板块的“工程技术中心”，进一步推动技术回笼。

如今，这一自研系统已覆盖公司90%的订单，且综合成本仅为之前合作开发的30%—40%，随着生产规模的扩大，成本有望进一步降低，为瑞洲科技带来了显著的降本增效效果。

两条腿走路

自主技术的回笼，不仅让瑞洲科技大幅削减了生产成本，“个性化定制”这张王牌也被越炼越强。

“我们和天创时尚合作，打造亚洲最大的数字化真皮切割中心。”郭华忠说。天创时尚是A股女鞋上市企业，在2018年启动了自身全产业链数字化的转型升级，是行业内率先将工业机器人应用于时尚女鞋量产的企业之一。

□ 瑞洲科技自主研发的智能切割设备　（戴嘉信摄）

天创时尚身后，是现代制鞋工业背后庞大的智能化数字化发展需求。一项数据表明，截至2023年2月，中国鞋类行业主要企业接近1万家。受直播电商、跨境电商的新一轮发展驱动，全球鞋履行业的产销模式正发生巨变，区别于传统的“以销定产”，小批量、多批次、多品种的柔性生产制造成了新趋势。

郭华忠说，真皮的智能化切割是个行业痛点，目前大量制鞋企业依然依赖人眼识别。因为真皮都会有瑕疵，而这些瑕疵是千差万别的，智能化切割的难点在于如何让机器在自动排版时实现自动识别，绕开瑕疵，规划出最节省面料的切割方案，不浪费一分皮料。

这正是瑞洲科技最擅长的领域。“接下来，我们将共同以数字化、智能化的手段，重新定义制鞋工艺和制程，打通每个工序，助力制鞋企业实现成本最优、产能最高。”郭华忠说。

在继续做强“个性化定制”这张王牌的同时，基于自主技术回笼而开展的产品线扩充也提上了日程。

在定制装备赛道摸爬滚打近30年，瑞洲科技已有8000多家企业客户，设备不仅用于服装、皮具等面料切割，还打入了汽车材料、复合材料、医疗用品等行业，是典型的小批量、高度个性化生产。

但是，正如所有定制生产一样，虽然利润高，但客户需求多、定制周期长、单量小、款期长，不利于把生产经营的“堆头”做大。

订单旺的时候，这些可能都不算问题。

不过，经历疫情影响以及经济环境的变化，大客户征购高端定制化设备的欲望降低，愿意为附加值买单的客户变少了；与此同时，快时尚行业的个体购买者越来越多，他们对于设备没有那么多个性化要求，通用、好用就行。顺应这种需求，一些提供基础款设备的制造商打起“价格战”，迅速占领了一部分市场。

“个性化定制是我们的王牌，这个不能丢，但也可以做一些标准化、批量化、价格更低的设备，充实我们的产品线。”郭瑞洲向父亲提出这个建议时，郭华忠恰好也有这个想法，两人一致决定试一试。第一款产品已在2024年7月推出。

广宇科技：数智服务锻造小巨人

走进广东广宇科技发展有限公司（下称“广宇科技”），有两块牌子格外引人注目：一块是CMMI5级认定，另一块是计算机信息系统安全服务一级认证。

它们的含金量有多高？二者都代表相关领域的最高级别，前者代表软件领域国际最高级别，且在国内并不多见。而广宇科技是佛山唯一获得该“双料”认证的企业。

广宇科技成立于2009年，多年来深耕政企数字化服务市场，拥有多项自主研发的核心技术。正是凭着科技创新上的硬实力和应用实绩，这家企业在2020年首次参评国家专精特新“小巨人”便成功入选，是2021年公布的第三批国家专精特新“小巨人”之一。

让城市更智慧

广宇科技能成为“小巨人”，离不开过去15年来的一次次技术研发和应用场景突破。

2015年通常被认为是我国智慧城市的“起飞点”。这一年，“智慧城市”首次被写入政府工作报告。其后短短5年间，智慧城市试点工作在全国超过900个城市中展开。作为这股浪潮中最为活跃的地区之一，广东的智慧城市相关企业数量一度位列全国前三。

广宇科技也是在2015年迎来了它的首个高光时刻——这一年，该企业自主研发出了智能化枪弹柜产品，并快速应用到了佛山、清远、云浮等城市的各级公安机关。

如今，这款产品成功助力超200个公务用枪单位的枪弹库实现枪弹管理智能化、数字化。而随着广宇科技与佛山市公安局成功联合推进全市公务用枪智能管理系统标准化工作，这项全省范围内的首创性服务，也成为它最具识别度的拳头产品之一。

在广宇科技，类似的重量级技术和应用场景突破实绩还有不少。

2022年12月，广宇科技再获得了一项国家发明专利授权。这是一项名为“一种内涝预测方法、数字孪生系统、电子设备及存储介质与流程”的创新技术，是广宇科技的自主研发所得，已入选工信部物联网示范项目省级推荐名单、广东省“专精特新”推荐产品。

它应用在广宇科技的“数字孪生水利应急管理平台”中，能够根据实际降雨强度和实际排水速率，迅速调整内涝模型和气象预测信息，精准预测内涝点的未来水位变化信息，有效提高内涝预警准确率。

正是凭着这种技术创新的自觉和应用场景的深度挖掘，这家企业实现了长足发展：2021年的营收规模突破2亿元，2022年的利润同比增幅达到

□ 广宇科技配合城市地下复杂管网排水能力检测场景而开发的智能管道侦查机器人（戴嘉信摄）

了124%，目前更掌握超过200项自主知识产权，“专精特新”能力不断增强。

“杀”出更广阔市场

市场瞬息万变，当日益激烈的大模型竞赛正加速软件和信息技术行业的大洗牌，当政务服务市场进入新一轮优胜劣汰时，广宇科技如何保持优势？

答案是突破天花板，寻求更广阔的市场。

于是，这么一家发展势头迅猛的佛山民企，2022年7月突然干了一件出人意料的事——它接受了市属一级企业佛山建发集团的注资，成了该集团旗下的一家混合所有制企业。

这意味着，广宇科技的实控人由此变更为佛山市国资委，佛山建发下属的佛山建发智慧城市科技有限公司（下称“建发智城公司”）成了它的控股股东。

这是把亲手养大的“孩子”拱手让人了？“当然不是。”广宇科技董事长陈健生坦言，对广宇科技这类中小企业来讲，营收规模突破2亿元后会进入一个瓶颈期，“我们不想被困在这里”。于是，这成了广宇科技的又一次主动选择，目的只有一个，就是为了突破发展天花板，获得更大市场。

对广宇科技来说，自主研发能力强是它最大的发展优势。其背后起支撑作用的，是一支超过280人的专业队伍。队伍中六成人员从事与技术研发创新相关工作，拥有高中级技术职称及获得市、区级人才认定者占比更是达到55%。

陈健生表示，这支队伍是在千百次市场项目锤炼中成长起来的。要延续优势，谋求突破，必须迈向更广阔的市场，争取更多优质的项目订单。“佛山建发集团在产业园区、智慧城市等方面有大量建设需求，借着合作，我们有望获得更多订单，把专精特新优势继续保持下去。”

挺进数据交易新赛道

对于一家智慧城市数字化服务提供商而言，人工智能赛道上的火热意味着一个全新机遇期。

于是，在加快与地方国企融合发展的同时，广宇科技还启动了一项新谋划——布局数据交易新赛道。

2023年以来，广宇科技相关动作频频：组织了多场数据资产入表相关知识培训，积极对接省、市、区资源，了解政策推进动向。

过去，海量数据处于“沉睡”状态，人工智能等信息技术的迭代，有了叫醒这些数据的工具。以广宇科技正在打造的数字孪生城市平台为例。该平台是一个集数字孪生、大数据分析技术、人工智能于一体的产品，汇聚了城市建设、运行、发展与更新的多源实时全量大数据。

这是该企业多年发掘应用场景沉淀的成果，目前的应用场景已覆盖城市治理、政务服务、生态环境、公共安全、园区管理、医疗教育等多个业务细分领域。

□ 广宇科技的展厅里工作人员正在演示企业打造的数字孪生城市平台成果　（戴嘉信摄）

对于广宇科技在数据资产流通方面的探索，普华永道中国交易咨询部合伙人范龙戈表达了认可。在他看来，数据资产的流通，不能局限于数据资产交易本身，更需要参与者理解行业痛点和数据应用场景。

2024年1月1日起施行的《企业数据资源相关会计处理暂行规定》明确提出数据要素在一定条件下可以计入资产负债表。这意味着，数据资产完成了从自然资源到经济资产的跨越，明确了数据作为资产的价值。

在陈健生看来，广东一直在摸索一种兼顾合规、高效、普适的交易模式，一旦开始试水，其带来的行业促进效应将是巨大的。这是广宇科技的新机会。

瑞浦能源：百亿投资撑战新产业

从温州总部派驻过来不久，广东瑞浦兰钧能源有限公司（下称“广东瑞浦兰钧”）基建兼公司能源部总监郑斌黎就习惯了佛山的生活。在南海狮山镇三环西路一侧，看着眼前的巨大厂房，他就像看着孩子成长一样兴奋。

广东瑞浦兰钧的母公司瑞浦兰钧能源股份有限公司（下称“瑞浦兰钧”）是世界500强青山实业旗下的锂电企业，其控股的位于狮山的广东瑞浦兰钧项目启动于2021年，计划总投资103亿元，规划总占地约420亩，打造年产量达30GWh的本土化高端动力与储能锂离子电池及系统，以及上下游产业配套制造基地。项目分两期建设，一期于2024年5月正式通过验收投产。

佛山，是瑞浦兰钧全球布局的重要一环。作为拥有锂矿资源和创新技术的行业领先企业，瑞浦兰钧必须在华南建立一座大型制造基地，以更加贴近这里尤其是广东的关键供应商和重要客户。在多番考察之后，瑞浦兰钧选择了制造业基础雄厚，尤其是新能源产业、汽车产业布局完备，且有着适宜营商环境的佛山。

“我们的佛山工厂建设标准是业内一流的，而且要在这里生产最新的‘问顶’系列锂电池，希望为企业和行业打造一个新的标杆。”郑斌黎说。

亩均产值可达约5000万元

从大马路转入广东瑞浦兰钧工地，火热的建设场景给人别有洞天的感觉。装载着建筑材料和车间设备的大货车、工程车不时出入，工人们挥汗如雨，已经封顶的园区一期大楼在进行最后的施工。

广东瑞浦兰钧一期计划投资55亿元，用地220亩，设计年产能15时。这个设计产能已经不低，但是更让郑斌黎感到骄傲的，却不是产能本身，而是达到这样的产能所需要的土地仅220亩。

当前，锂电池行业有的头部企业在建厂时主要采用单层厂房方案，而瑞浦兰钧则习惯于建设多层厂房。为了实现多层生产，厂房设计、产线布局的精细化程度都要求非常高，比单层厂房要麻烦得多。其中，广东瑞浦兰钧的厂房达到四层，土地利用效率几乎是四倍，亩均产值可达约5000万元，与佛山推进的“亩均论英雄”不谋而合。

开工后，广东瑞浦兰钧克服多雨季节和交通等不利因素，持续加紧建设。与此同时，狮山镇成立了针对项目的政务支持工作组，由规划、住建和环保等部门骨干力量组成，主动引导项目规范设计、高效报建，全力配合项目申报各项许可，多维度为项目提供政务服务支持，为广东瑞浦兰钧建设按下了“加速键”。

郑斌黎说过去曾经在青山集团旗下的不锈钢等板块工作，并到过全国许多城市。作为广东瑞浦兰钧的基建兼公司能源总监，他负责管理整个厂区的基建，接入水、电、气等公共辅助设施。在他看来，佛山为企业提供的政务服务非常顺畅。

长续航动力电池“佛山造”

作为锂电池行业的新势力，创立至今才六年的瑞浦兰钧目前电池装机量已达国内前十。广东瑞浦兰钧的快速建设，能够帮助行业解决哪些痛点？

狮山镇相关负责人注意到，“目前很多人还没有买新能源汽车的决心和勇气，因为长续航和快速充电的问题还没有有效解决”。如果说快速充电的问题核心在于城市基础设施建设，那么长续航问题主要在于电池厂商。

□ 瑞浦兰钧电池生产车间 （企业供图）

瑞浦兰钧虽然创立时间不长，但其背后的青山实业却是镍矿、不锈钢多个行业的世界级龙头，并在锂矿和先进制造技术方面进行了布局。在广东瑞浦兰钧投产的储能和动力电池产品中，高端的“问顶”系列是重点。在2023上海国际车展上，瑞浦兰钧首发“问顶”电池158Ah、200Ah。

“问顶”电池不仅是瑞浦兰钧从电芯到系统制造的一次飞跃式进步，更是全行业锂电痛点解决的一个里程碑。

广东瑞浦兰钧将是“问顶”系列产品的重要产地之一。正如在狮山基地的厂房设计上，瑞浦兰钧实现了对空间的高度集约化利用，在电池产品上瑞浦兰钧也把空间做到了极致。其最显著的创新之处，在于缩短极耳长度，改变其与转接片的连接方式，采用一体化焊接技术，使电芯内部结构实现了一体化的连接，把原有的顶部空间由15毫米缩减到了8毫米，使空间利用率有效提升7%以上。

在未来，更大规模量产的“问顶”电池将从佛山走出，进入大湾区乃至全球新能源市场。

打造有国际竞争力的现代化园区

“问顶”电池的落地投产，除了产品本身的创新与产出之外，能为佛山、为大湾区新能源产业带来怎样的新活力？

储能是新能源产业的核心赛道之一。据《储能产业研究白皮书2023》保守预测，预计2027年我国新型储能累计规模将达到97.0GW，2023—2027年复合年均增长率为49.3%。“在全球能源改革趋势下，储能市场方兴未艾，新型储能大势所趋。”广东瑞浦兰钧公司董事长姜森对未来十分看好。

作为继浙江、上海后，青山实业在国内的第三个锂电池制造基地，广东瑞浦兰钧从园区规划到产品布局都是集团及行业内领先的。其所处的位置，是狮山轻量化材料研发及制造园中的新材料产业园，属于佛北战新产业园核心起步区内。它不仅是区域产业链上下游的关键一环，也是具有极强引领作用的“链主”企业。

狮山是广东首个“千亿大镇”，而且到周边区域、大湾区城市的路网

□ 广东瑞浦兰钧项目现场 （企业供图）

非常发达。在上游的零配件、制造装备领域，狮山及周边的产业链条十分发达，能够支撑广东瑞浦兰钧高效、低成本的制造需求。在下游的新能源汽车产业，一汽—大众MEB平台电动汽车生产基地就位于狮山，小鹏、广汽、本田等制造基地也都在周边。在下游的储能产业，一批电网侧、用户侧的储能项目正如雨后春笋般建设。

这是企业的机遇，更是城市的机遇。“我们要让广东瑞浦兰钧项目成为一个具有国际竞争力的现代化产业园区，为推动佛山地区的经济发展作出更大的贡献。”青山实业董事局主席项光达说。

库卡机器人：全球巨头的佛山一跃

2024年8月23日，在有着机器人界的“达沃斯”之称的世界机器人大会上，全球知名的工业机器人制造商库卡（KUKA）宣布其SCARA系列机器人获得德国TUV莱茵大中华区颁发的北美cTUVus认证以及CE-MD机械指令和CE-EMC电磁兼容指令符合性证书。

“库卡机器人SCARA系列能顺利通过认证，彰显了库卡对提供专业、安全、可靠的工业机器人产品的坚定决心和承诺。”库卡中国研发总监张冶表示。

自2016年美的集团启动收购库卡机器人起，库卡机器人不仅助力美的集团大幅提升智能制造领域竞争力，更是借助美的的资源和渠道迅速打入中国市场并站稳脚跟。公开数据显示，2023年库卡机器人的收入和盈利均创历史新高，2024年上半年库卡工业机器人的国内市场销量份额进一步提升至7.8%左右。

库卡机器人的成功，不仅是美的集团国际化战略的成功，更是佛山制造业顺应产业大势、变革创新，进而实现换道发展的成功缩影。

惊艳四座的“大象联姻”

时间回到2016年5月18日，美的集团宣布通过海外子公司对总部位于德国的库卡机器人发起要约收购，投入292亿元人民币，增持库卡机器人股份至30%以上。

作为全球领先的机器人及自动化设备供应商，库卡机器人与ABB、发那科、安川并称世界四大机器人巨头。收购消息一经发布，便引起全球轰动。美的集团董事长兼总裁方洪波曾表示，库卡机器人完美配合美的的“双智”战略，将提升美的智能制造能力以及开发智能家居产品的潜力。

而根据公开信息，库卡机器人将利用美的在中国的销售渠道和市场影响力，继续提升在中国这个全球最大机器人销售市场的销售额。美的则将借助库卡机器人在其生产制造及供应链的技术优势来提高生产效率，寻求机会开发定制的家庭及服务机器人等产品线，合力拓展未来的服务机器人市场。

于是自2014年起，美的便开始对库卡机器人进行收购操作，并在经过2年时间成为库卡机器人第二大股东后，果断以欧洲制造业极少见到的天价要约收购。美的在完全遵守市场规则，尊重股东和管理层利益，遵守所在国法律的前提下，完成了这个惊艳四座的“大象联姻”。

“美的+库卡”绝非资本游戏。随着资本市场收购的尘埃落定，美的迅速着手扩大库卡机器人在中国市场的产能。

2018年3月28日，占地约1200亩的美的库卡智能制造产业基地在位于佛山市顺德区北滘镇的广东省智能制造创新示范园内动工。项目于2019年

□ 美的库卡机器人

投入使用，从800台机器人产量至突破6300台产量，库卡机器人仅用了1年时间。

2021年4月27日，美的库卡智能制造科技园二期项目正式启动。项目投资8亿元，完成6栋厂房约20万平方米的建设，并于2023年5月30日全面投产，截至当年4月底，美的库卡智能制造科技园已经累计生产并交付客户超过5.7万台工业机器人，营业额超过82亿元，累计产值近100亿元。

“随着园区的全面投产，未来规划机器人产能8万—10万台/年，将全面推动机器人供应本地化和支持制造业自动化、智能化、数字化转型。”库卡中国总经理许桂友在投产仪式现场表示。

“一子落”带动“满盘活”

走进美的库卡智能制造科技园，目力所及之处皆是橘色机械臂有节奏地上下“舞动”，一台台机器人在机器人手臂的组装下批量下线。

2023年1月，国内第一条生产重载机器人的全自动化产线在该园区启动，这也是广东省首条“机器人生产机器人”产线。与传统人力操作相比，该全自动化产线可以实现24小时不停歇运转，单班产能提升50%，工时效率提升超过30%，产品可控性极大增强，未来工厂的模样在这里已初具雏形。

自投产以来，从美的库卡智能制造科技园生产出的库卡机器人，不仅支撑着美的集团“AI+”战略的实施，在自身业务领域实现数字技术与制造业深度融合，更实现跨企业、跨行业、跨领域协同，在家电家居、陶瓷、金属加工、汽车制造等行业中，满足大量智能制造和产业升级需求，助力传统制造业加快智能化、绿色化转型步伐。

“一子落”带动“满盘活”，库卡机器人的进驻更是按下了佛山工业机器人发展的快进键。

埃斯顿、中设、中大力德、银星、拓野……一批“专精特新”型企业在库卡机器人的带动下进驻佛山，聚焦机器人装配、机器人系统集成、智能整线解决方案研发等各类机器人应用业务，带动佛山工业机器人年产量以110%的平均年复合增长率一路“狂飙”。

如今，涵盖“核心零部件—机器人本体—系统集成”的机器人产业全链条，已在顺德和南海形成两大产业高地，让佛山工业机器人的年产量从曾经仅占全国1%的占有量，提升至全国每12.5台工业机器人中就有一台“佛山造”。

《佛山市机器人及相关产业发展规划（2023—2030年）》提出，到2025年，全市机器人及相关产业营收从515亿元增长到1000亿元；至2030年，机器人及相关产业营收从1000亿元增长到2000亿元。

依托制造业雄厚基础，吸引机器人龙头企业集聚，加速提升机器人产业基础高级化和产业链现代化水平，全面拓展产业发展空间——在各方主体合力下，佛山千亿级机器人产业集群正处“井喷前夜”，机器人产业正在成为这座“制造之都”的城市新名片与核心竞争力。

从美的集团、联塑集团，到东鹏陶瓷、坚美铝材、华兴玻璃，再到中南机械、海天味业、邦普循环……透过一个个典型样本，可以看到佛山企业对实体经济的坚守，对工匠精神的传承，对创新研发的追求。而这也是佛山制造业基业长青的重要密码。

“有家就有佛山造”，有“佛山造”的地方就有佛山企业的身影。无论是顶天立地的大企业，还是铺天盖地的中小企业，它们都是佛山制造业不可或缺的一部分。

它们的转型升级，它们的创新发展，它们的探索突破，汇聚成了佛山制造业的一个个精彩故事，也成为媒体聚焦佛山、外界了解佛山的重要载体。

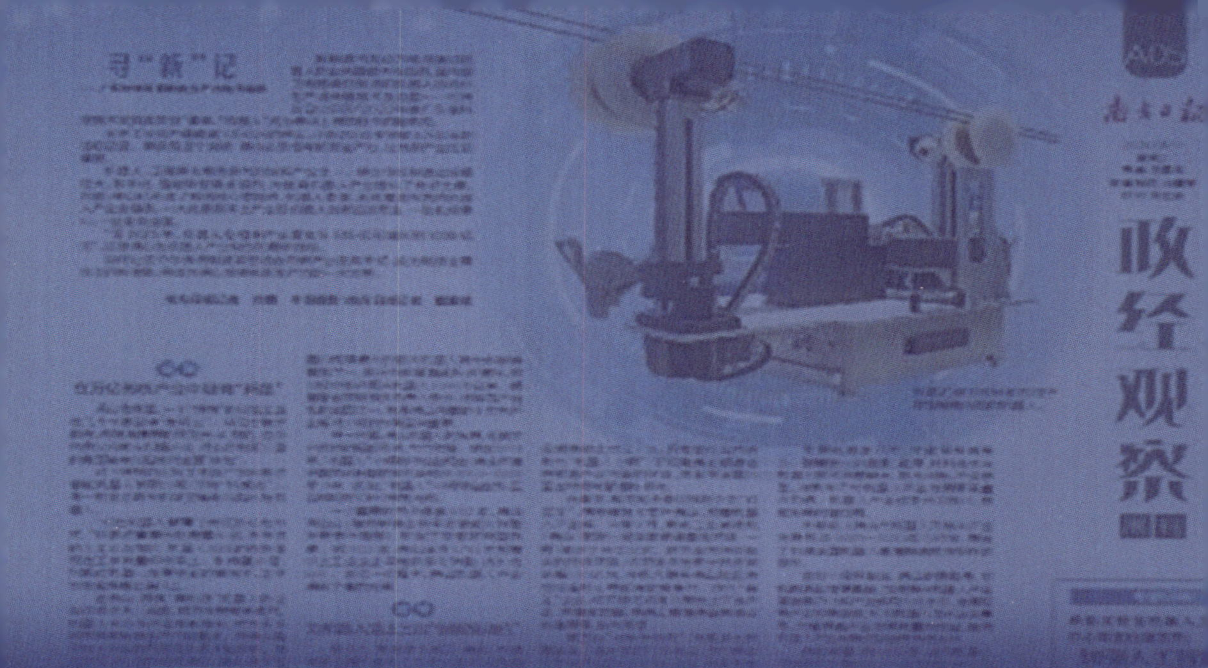

第五章 / 媒体视角

声名远扬的佛山功夫、发达的民营经济和制造业，往往构成外界对佛山的第一印象。佛山不仅是一座以制造业闻名的城市，也是一座充满想象力的城市。创新的活力、产业的实力、空间的张力、营商的引力，充分彰显佛山的城市特质和制造业发展的良好环境。

近年来，南方日报、南方+客户端高度关注佛山，透视佛山制造业之变，解码全球新格局下佛山的高质量发展路径。从陶瓷等传统产业转型升级到机器人等新兴产业培育壮大，从实现“工业3万亿”到实施北向战略，从空间重构、园区再造到优化营商环境……佛山的每一个动作、每一项进展，都成为关注的话题。

工业技改投资高速增长，为制造业注入“青春活力”

佛山技改　智造焕新

走进佛山市海天调味食品股份有限公司（下称“海天味业”）的生产车间，看不到一滴酱油外露，发酵后的酱油通过不锈钢管道，输入全自动密闭洁净灌装车间进行灌装，再经过10余条快速包装生产线打包封装，“嘀嗒”一秒，单线可产14瓶酱油，生产效率是原来的2倍以上。

作为全国唯一的制造业转型升级综合改革试点，佛山有约10万家工业企业，至今过半数规上工业企业实施数字化、智能化改造。与此同时，今年1—7月，佛山工业技改投资同比增长32.4%。

集体“转身”的背后，佛山制造找准以工业技改为抓手，加速升级为数字化、智能化、绿色化的现代化版，迸发出澎湃活力。

数智化引领　迸发新活力

在海天味业位于高明的生产车间，“轰隆隆”的机器声中，一条罐装生产线每小时出产4.8万瓶酱油，仅有四五个人作业。

海天味业是首批“中华老字号”企业之一。300多年来，这个昔日的酱油小作坊，已发展成为世界级调味品龙头企业，产品涵盖百余品种800多规格，销往全球100多个国家和地区，年产值超250亿元。

2008年起，海天味业开启数字化转型。结合工艺技术和生产模式创新，企业年均投入超2亿元，自主研发制造多套独有的设备及系统，支撑“数智化”技术落地。海天味业执行总裁程雪说，适度超前的产能布局、科学先进的智能化水平，为公司带来了更大的竞争力。

在佛山，越来越多传统制造龙头企业像海天味业一样，面对日趋激烈的市场竞争，围绕降本增效、品质提升、绿色发展等企业需求，拿出前所未有的决心，走上“数改智转”之路。

随着新技术不断应用，“数智化”在佛山正步入深水区，深度重塑生产流程。在百威（佛山）啤酒有限公司，一罐罐啤酒从原料入库到成品包装出库实现全自动化生产，全工厂实现数据互联。该公司技术服务部高级经理林双顺说，借助“跑起来”的生产数据，员工在后台就能协同完成原料验收、化验结果分析、故障排查等工序。

龙头示范带动下，佛山制造“数智化”转型逐渐形成产业协同效应。在顺德，老牌家电巨头美的集团在2018年成立软件和云服务供应商“美云智数”，借助后者架构数字化平台，至今实现与上下游数千家供应商、渠道商在平台上协作，推动产业集群整体数字化转型。

2021年，佛山还在全省率先出台《佛山市推进制造业数字化智能化转型发展若干措施》，设立总规模300亿元、首期100亿元的制造业转型发展基金，鼓励制造业企业全链条升级改造，逐步实现生产由“人控”到“数控”、工厂由“少人”到“无人”、企业由“单打独斗”制造到产业链紧密协同转变。

据统计，截至今年8月底，佛山已培育出2家灯塔工厂，打造出48家数字化智能化示范工厂、146个示范车间；规上工业企业中，5028家已实施“数智化”改造，占比51.1%。

精益化技改　改出新效益

南海西樵山下，蒙娜丽莎集团股份有限公司的车间内，特种高性能陶瓷板材生产线忙碌运转，现场看不到飘扬的粉尘，闻不到刺鼻的气味。这个昔日的能耗大户，已是低碳先行者。早在2020年底，该公司就全面实现“煤改气”，生产线碳排放量因此降低26%。

佛山制造以家为主，泛家居产业产值超1万亿元，其中陶瓷、家电等产业驰名中外。面对庞大产业带来的巨大能源消耗，佛山制造依靠工业技改探路精益化，向绿色环保迈进。

以陶瓷产业为例，从环保整治“腾笼换鸟”，到近年限期进行清洁能源替代，再到2021年能耗“双控”政策落地，过去10多年在外部倒逼下，佛山陶瓷企业加速应用清洁能源，推进设备升级，推动生产工艺创新，以数字转型促节能降耗，努力实现经济效益、环境效益与社会效益相统一。

经济学家周其仁认为，以减掉浪费为主张的精益化，可以帮助企业提升活下去的可能性。近年来，佛山工业技改从自动化全面转向“数智化”阶段，以效益提升为目标的导向越发清晰。

走进广东兴发铝业有限公司位于三水的数字化工厂，机器人灵活运转，各种生产数据在车间里的LED大屏上实时显示。相较于传统工厂，该数字化工厂借助智能化系统实现全流程协同生产，订单交付期提升30%以上，产线工人成本节约40%以上，制造成本降低超20%。

据统计，在佛山已实施“数智化”改造的规上工业企业中，企业生产效率平均提升16.5%、产品交付周期缩短20.2%。

“数智化”进程不仅大幅提升了生产效率，也保证了产品品质。在海天味业，通过数字化的质量控制，该公司将传统人工把关环节变为494道检测点，用大数据替代人工把关，确保酱油风味始终如一，并最大程度保障食品安全。

针对精益化的推广瓶颈，佛山也意识到数字化生产服务商的重要性。据统计，目前佛山已引入超百家转型服务商和10家“双跨”平台企业，将精益变成可操作、可推广的工具，为制造业转型升级提供更多可能性。

南方观察

制造业永远年轻的“不二法门”

制造业要“永葆年轻”，关键密码何在？坚持制造业当家，又有何关键抓手？

近期，佛山公布今年前7月主要经济指标，数据显示：今年1—7月，佛山工业技改投资同比增长32.4%。在高额技改投资的带动下，先进制造业呈现良好增势，新材料制造业、高端电子信息制造业和石油化工产业，均保持双位数增长。

从佛山工业技改数据上，至少可以看出两个特点和趋势：

第一，这是制造业的强大韧劲，展示信心。有约10万家工业企业的佛山，是观察广东制造业最好的窗口。面对巨大的发展挑战和不确定性，很多企业在徘徊观望，而佛山工业企业用巨额的真金白银投向技术改造，推动佛山工业技改更上一层楼，这是广东坚持制造业当家的生动注脚。这些企业，在最关键的时刻，以最笃定的态度、最奋进的身姿进行技术革新，值得市场的充分尊重。敢于在艰难时投资技改，也必将在竞争中收获未来。

第二，这是制造业的全新活力，焕发青春。近几年，力推技术改造的佛山制造业一直在“打破传统”。除海天味业、百威啤酒、兴发铝业等典型企业外，还有众多传统制造企业，通过积极改造工艺、产线和优化技术方案，不断推出契合市场潮流和引领行业风向的产品。在“千亿大镇”狮山，就有包括坚美铝型材、德联化工等一批优势的传统制造企业，成功挺进新能源产业赛道，成为比亚迪、蔚来、小鹏等新能源汽车的重要供应商，以“传统的产业、不传统的技术”，开启了企业重焕青春的全新征程。

每一个经济周期，不论是顺行还是倒逼，都会催生出新的行业、新的技术以及新的市场。对众多制造业企业而言，善于抓住这种趋势，勇于拥抱这些变化，才有机会成为“不老的传说”。

如同“鸡蛋从外打破是压力、从内打破是新生”一般，佛山大力引导、扶持和推动技术改造，就是要让制造业永远保持年轻。而发生在佛山制造业身上的技改故事，持续上演，景气升腾。我们有理由期待，未来会有更多制造业企业通过技改，锐气前行，活力四射。

（2023年9月19日，《南方日报》A03版，记者　赵进　林洛峰）

佛山仙湖实验室用氨氢融合新能源实现“零碳燃烧”

让陶瓷产业既绿色又红火

2024年8月的正午，佛山仙湖实验室的科研人员正与陶瓷企业员工一起，在“零碳燃烧”中试线上测试新技术、新装备，以调整参数，增加适配度。

佛山是我国建筑陶瓷之都，有陶瓷生产线280多条。作为佛山支柱产业之一，陶瓷产业既是地方经济发展的顶梁柱，但也是节能减排的硬骨头。近年来，一批陶瓷生产线在高能耗和高碳排放的双重压力下退出市场，全省陶瓷工业总产值也有所下降。如何让陶瓷产业既“既绿色又红火”？

党的二十届三中全会强调，聚焦建设美丽中国，加快经济社会发展全面绿色转型，健全生态环境治理体系，推进生态优先、节约集约、绿色低碳发展。

佛山仙湖实验室探索氨氢融合新能源，实现“零碳燃烧”关键核心技术突破，成功烧制出全球第一块“零碳瓷砖”，全球首条量产线也将在年内完成调试。未来，该技术有望被推广至金属加工、火力发电等更多高温工业，助力广东实现“双碳”目标。

为陶瓷窑炉定制零碳“升级包”

氢电池已被广泛应用于交通、储能等领域，氢本身也是一种高效的燃料。液氨的储运技术较为成熟，且运输成本较低，既可以作为储存氢的介质，同时也是相对廉价的零碳燃料。

走氨氢融合，或纯氢、纯氨的零碳燃烧之路，能满足佛山陶瓷产业对绿色低碳发展的现实需求。

这是一条全循环、可再生的“零碳之路”——无论燃烧氢气还是燃烧氨气，生成物都是氮气、水等清洁产物，没有碳排放。

实际上，火力发电、金属加工等高温工业，都能受惠于零碳燃烧技术。作为省实验室之一，佛山仙湖实验室围绕现实需求，自2020年起开始集中攻关相关技术。

选中陶瓷产业作为第一个突破口，是因为其生产线相对简单，容易定制出零碳“升级包”。

“陶瓷生产线最核心部分是窑炉的燃烧器，通俗地说就是烧制陶瓷的地方。”仙湖科技氢氨新能源事业部总经理龚聪文介绍，传统陶瓷窑炉以天然气或者水煤气为燃料，如果要混用氨气或者完全用氨气替代，就需要重新设计燃烧器，“技术难点有很多，既要实现可控的纯氨点火、稳定的高温燃烧火焰，还要降低氮氧化物和残余氨排放。”

花了1年多时间研究，技术团队取得突破，开发出一套可任意比例混用氨气、天然气的燃烧器。接下来，他们迫切需要一条中试生产线，验证新技术新装备的可行性。

龚聪文说，为了验证新技术新装备的可行性，他们与陶瓷企业欧神诺陶瓷深度合作，建成长30米、日产能10万平方米的全球首条氨燃料陶瓷窑炉中试线，促进新技术真正落地转化为新质生产力。

除了改造燃烧器，这个“升级包”还有另外两个部分——燃料供给系统，提供稳定可靠的氨气来源；监测和处理尾气的系统，实现超低氮氧化物排放和高温高湿环境下的高精度烟气在线监测。

改造完成后，这条中试线可以使用任意比例的氨气、天然气混合气体作为燃料。如果以100%氨气作为燃料，就能把二氧化碳排放量减少到零，使其真正成为一座“零碳窑炉”。

在佛山仙湖实验室、欧神诺陶瓷、德力泰科技、广东安清科技四方共同努力推动下，这里成功烧出全球首片质量合格的“零碳瓷砖”。经第三方环评机构现场测试，窑炉尾气排放完全符合国家标准。该成果入选“全球建材十大科技新闻”。

第一片“零碳瓷砖”烧制成功后，技术团队没有停步，而是根据生产实际，探索烧制出不同规格、颜色、表面材质的瓷砖，满足不同的市场需求。

推动高温工业走上“绿色转型路”

从2017年至2020年，广东陶瓷行业有221条生产线（年产能7.18亿平方米）退出，陶瓷工业总产值减少350亿元，超3万人因此转行。仅在佛山，那3年就有67条生产线退出。

如今，佛山仙湖实验室希望通过推广零碳燃烧技术，提高陶瓷行业的绿色产能，形成集群效应，把企业重新招引进来。

澳大利亚工程院院士、佛山仙湖实验室战略科学家程一兵说：“陶瓷行业接下来面临的是‘双碳’技术的洗牌。”

如何实现节能降碳、推进绿色转型，成为众多陶瓷企业共同关心的问题。佛山德力泰、欧神诺陶瓷、蒙娜丽莎集团等头部陶瓷企业先后与佛山仙湖实验室接触商谈，由该实验室牵头成立“零碳燃烧技术联合创新研发中心”，由企业出资，开发零碳燃烧产业化技术。

实验室里的新技术，在中试平台上变成看得见、摸得着、可规模化生产的产品，让企业吃下定心丸。蒙娜丽莎集团下定决心，投入一条量产线进行改造。

程一兵表示，年内完成调试、正式点火后，这将成为全世界第一条零碳生产陶瓷的量产线，长150米，设计年产能达120万平方米。

龚聪文算了一笔“双碳”账：只要生产线混入氨气替代天然气，就相当于实现局部的“碳达峰”，单条线的碳排放不会再增加；随着零碳燃烧技术逐步复制到更多生产线，每条线混入氨气的比例逐步增加，减排效果倍增，陶瓷产业逐步走向“碳中和”，产业也就有了更多发展空间。

用的人越多，能源单价越低——

随着陶瓷产业对绿色氢氨能源的需求增加，绿色氢氨的制备、储运等技术继续成熟，其作为燃料的单价有望进一步下降，加上碳排放权等的限制，天然气的价格优势将逐步消弭。

能源单价越低，用的人也就越多——

有了更经济的绿色氢氨能源，水泥窑炉、玻璃窑炉、冶金工业、火力发电等场景都有望跟上“零碳”步伐。

陶瓷产业是仙湖实验室推进氨氢融合、绿色转型的第一步。作为佛山的另一大支柱产业，铝型材加工产业同样需要用到高温燃烧。但与陶瓷产业相比，铝型材加工产业用到的加热炉种类更多，因而研发适配起来需要更多时间。

龚聪文透露，佛山仙湖实验室今年已购置了陶瓷、金属加工、发电三大高温工业领域10余台常用的加热炉。

“从陶瓷产业突破，把氨氢融合的产业化道路走通，让包括铝型材加工产业在内的传统高温工业在新质生产力加持下完成转型升级。未来，佛山的‘双碳’目标一定会完成得很好。”龚聪文说。

（2024年8月22日，《南方日报》头版，记者　钟哲）

冲刺千亿　佛山机器人凭什么？

新能源汽车动力电池模组机器人作业关键技术与应用、面向厨卫电器柔性制造的机器人自动化生产线关键技术及应用……打开近日公示的“2023年度广东省科学技术奖拟奖项目”清单，“机器人”成为佛山上榜项目中的高频词。

2023年工业总产值首破3万亿元的佛山，正向2030年突破4万亿元的目标迈进。要实现这个突破，佛山必须培育新质生产力，让战新产业扛起重担。

机器人，正是佛山最有底气的战新产业之一。佛山传统制造业规模巨大，数字化、智能化转型需求强烈，为培育机器人产业提供了良好土壤。目前，佛山已形成了包括核心零部件、机器人本体、系统集成在内的机器人产业全链条，一大批服务本土产业的机器人创新应运而生，一边扎根佛山、一边走向全国。

“至2025年，机器人及相关产业营收从515亿元增长到1000亿元”，这是佛山为机器人产业制定的最新目标。

如何让这个与传统制造紧密结合的新产业走向千亿，成为制造业舞台上的新主角，将成为佛山发展新质生产力的一次大考。

诞生·在万亿传统产业中培育“新星”

深山老林里，一个“特殊”的巡检工正在几十米高空中走钢丝。只见它稳步前进，用随身携带的可见光4K相机、红外热像仪和激光扫描系统，对长达数百千米的高压输电线路进行全面“体检”。

这个特殊的巡检工来自广东科凯达智能机器人有限公司（下称“科凯达”），是一款自主研发的架空输电线路巡检机器人。

“巡检机器人颠覆了传统的巡检方式。”科凯达董事长赵铸基介绍，与传统的人工巡线相比，机器人巡线的优势体现在工作质量和效率上。赵铸基介绍，科凯达机器人在更安全的情况下，工作效率能提高三倍以上。

在佛山，拥有“黑科技”机器人的企业还有很多。当前，城市发展竞争激烈，机器人与众多产业息息相关，成为许多城市布局新质生产力的重点。而佛山踏足这一产业的历史远比很多地市早。早在1993年，在政府支持下，佛山就开始进行工业机器人的研究。两年后，佛山机器人有限公司诞生。不过，遗憾的是，当时佛山制造业自动化需求不强，这家企业也如流星般转瞬即逝。

在20世纪就早早诞生机器人企业，是一个偶然。但对佛山这座制造业大市来说，机器人产业的诞生与壮大，又是一个必然。

当技术和市场需求交汇，新质生产力的壮大就会加快。21世纪第一个十年，随着传统行业竞争日益激烈，一批创业者在佛山制造业的土壤中，看到了机器人产业的机会。

2005年，一名客户找到原本主营五金夹具的嘉腾公司，希望为其研制一个“可以自己走的小车”。2008年，嘉腾成为第一家把设备卖给汽车厂的国内机器人制造商。如今，嘉腾机器已成为这个细分领域的行业龙头。

作为华南工业机器人应用系统集成商的名企之一，利迅达机器人创始人霍锦添早年在不锈钢行业已获成功。而后为了帮助客户解决用工问题，踏入了机器人领域，闯出了一片新天地。

回眸这段历程，佛山万亿规模工业的智能化数字化转型需求，是佛山机器人产业发展的根本动力。泛家居产业、装备制造业这两个佛山著名的万亿级产业集群，都是机器人这个“产业新星”的用武之地。

依托制造业强劲的内生需求和机器人产业的技术优势，佛山快速成为全国机器人场景应用优势区域。不仅是本土装备类企业积极转型，国内很多龙头企业也不断被佛山的产业需求、应用场景吸引，至今依然如此。

2023年底，位于佛山顺德的银星服务机器人研发制造建设项目投产。该项目是国内规模最大的服务机器人研发和制造基地之一，由深圳银星智能投资建设，规划设计年产服务机器人1800万台套。银星智能项目相关负责人表示，选择落户当地的主因之一，就是佛山完善的小家电产业链对公司的发展至关重要。

另一方面，佛山机器人的发展，也离不开政府的超前引领、大力助推。早在2013年，“机器人”一词就开始出现在《佛山市建设国家创新型城市总体规划（2013—2020年）》中。此后，“机器人”一词开始在市、区各种政府文件中频繁出现。

一个重要的节点是在2021年，佛山市出台《推进制造业数字化智能化转型发展若干措施》，掀起了空前的转型热潮。到2023年，佛山全市5741家规模以上工业企业实施数字化转型，占比达58%。在这一过程中，佛山机器人产业得到了蓬勃发展。

攻关·为机器人装上三台“创新发动机”

前不久，粤港澳大湾区（佛山）先进制造业国家卓越工程师创新研究院宣布，首次向佛山企业征集“揭榜挂帅”科技攻关项目榜单建议，主要面向高端装备制造、工业机器人及智能机器人等领域，希望开展科技攻关、成果转化。

发展新质生产力，创新是关键。经过多年发展，当地政府与整个市场合力，为佛山机器人产业装上了三架“创新发动机”。

第一台“创新发动机”是各类科研平台，担纲起攻坚核心关键技术、啃硬骨头的角色。佛山市机器人产业科技研发活跃，建立了一批产学研协同创新平台，企业研发费用占营业收入比例平均超5%。

以由佛山市政府、华中科技大学等联合承办的佛山智能装备院为例，其以重点推进工业机器人核心零部件国产化攻关为目标，目前已引进培育了2家国家专精特新重点“小巨人”企业、7家国家高新技术企业。

在佛山制造业腹地、千亿大镇南海狮山，佛山广工大研究院也长期围绕机器人与智能装备等领域开展核心技术攻关。由该研究院运营的中国（广东）机器人集成创新中心立足机器人产业生态，集聚了汇博机器人、大捷智能、非夕科技等机器人领域上下游企业50家，打造了全国首家工业机器人集成应用超市。

同在南海，文翰湖畔的季华实验室是广东省委、省政府启动的首批4家广东省实验室之一，其也将机器人作为主要研究方向之一。目前，季华实验室已在数字孪生群智无人系统、机器人智能互联操作系统、泛在控制器、一体化驱控系统等领域形成成果。

第二台“创新发动机”，是来自全国各地乃至世界各地的业界龙头企业。今年1月，总投资15亿元的奥比中光3D视觉感知产业智能制造基地建设项目在佛山顺德破土动工。3D视觉在行业内被称为“机器人之眼”，不仅能填补顺德在传感器产业方面的空白，而且在全国乃至全球领域都堪称领先。

近年来，越来越多像这样的外来“过江龙”，携关键技术落户佛山，完善机器人产业链。2024年2月，赛威工业减速机（佛山）有限公司华南制造基地项目（一期）举行了开工仪式。作为全球传动巨头的投资项目，该项目滚动累计投资预计超100亿元，将极大提升佛山地区传动设备核心零部件的竞争力。作为“链主”企业，该项目还将有力带动上下游产业，共建生态圈，使佛山高端装备制造业底蕴更强、底气更足。

第三台“创新发动机”，则是本土民营企业。在2024年的广交会上，作为佛山小家电行业的出口龙头企业，新宝家电展示的一款可通过App设置打扫周期的泳池机器人广受关注。除了一批专门进攻机器人市场的企业外，佛山很多传统产业的知名企业也在向这个领域转型，并且闯出了名堂。

截至2024年，佛山机器人产业中有国家级专精特新“小巨人”企业11家，分布在机器人产业全链条中，占佛山国家级专精特新“小巨人”企业总数的12%，是佛山“小巨人”企业数量最多的单一行业。

跨越·到2030年实现2000亿元目标

当一个新产业走进天时地利人和的环境里，做大做强是必然目标。

在顺德北滘，投资8亿元的美的库卡智能制造科技园二期已经顺利度过了投产的第一年。全面投产后，该项目机器人产能预计达8万—10万台/年，规模傲视整个华南地区。园区还引入多个上下游企业，覆盖多个核心零部件制造环节。

新质生产力正是原创性和颠覆性新技术引领的生产力跃迁。“佛山机器人产业集群的一大亮点，就在于我们拥有傲人的机器人本体，特别是工业机器人本体产量。”佛山市机器人产业创新协会秘书长高辉表示：“随着越来越多的新项目不断达产，佛山工业机器人本体产量有望跻身全国前三。”

值得关注的是，2023年，工业和信息化部公布2023年度中小企业特色产业集群名单，顺德机器人制造产业集群成功上榜，成为全国100个中小企业特色产业集群之一。这也是全国唯一一个入选的机器人产业集群。

发展新质生产力，才能保持竞争力。随着新一代信息、能源、材料技术与机器人技术深度融合，技术创新、产业转型、消费升级为机器人产业发展带来重大机遇。机器人产业迎来升级换代、跨越发展的窗口期。

2023年底，《佛山市机器人及相关产业发展规划（2023—2030年）》印发，提出了打造全国机器人高端制造城市标杆的目标。

在这个目标背后，佛山的思路是，依托制造业雄厚基础，加速提升机器人产业基础高级化和产业链现代化水平，全面拓展产业发展空间，吸引机器人龙头企业集聚，大幅提高产业发展质量和效益，推动机器人产业发展达到世界先进水平。

佛山希望，到2025年，全市机器人及相关产业营收从515亿元增长到1000亿元，用3年时间实现倍增，年均增速25%，机器人产业成为千亿级产业集群；至2030年，机器人及相关产业营收从1000亿元增长到2000亿元，实现第二个倍增。

追风赶月莫停留，平芜尽处是春山。要实现这样的目标，佛山还有很长的路要走。但可以预见，机器人产业正在成为佛山的名片和核心竞争力。

专家问策

季华实验室机器人工程研究中心副主任温志庆：加强人工智能与机器人的融合研究

“佛山的机器人产业优势在于工业机器人。”季华实验室机器人工程研究中心副主任温志庆认为，佛山不仅集聚了库卡等一批国内重要的机器人本体生产企业，更有众多的机器人系统集成应用公司，已形成了“核心零部件—机器人本体—系统集成”机器人产业全链条，在机器人产业链生态和产业创新方面位居国内前列。

同时，在家电家居、陶瓷、金属加工、汽车制造等行业，企业数字化智能化程度的提升还有巨大需求。温志庆表示，这对佛山机器人产业而言，仍然是巨大的市场。

但与此同时，温志庆表示，佛山机器人产业发展还存在人才短缺、科研投入不足等短板。“人才是产业发展的核心力量，应进一步加大人才吸引力度。”温志庆建议，佛山应理顺科研投入与产出的关系、短期效益与长远发展的关系，合理加大科研投入；要继续勇于创新，加强人工智能与机器人的融合研究，积极拥抱新技术，加强产学研合作，在人形工业机器人等新型智能机器人方面有所突破。

他认为，佛山应争取在机器人集成与创新应用方面取得突破，带来更大产值，实现机器人新兴产业发展与传统制造业升级双丰收，最终使机器人真正成为佛山制造业皇冠顶端的明珠和新质生产力发展的重要一环。

（2024年6月11日，《南方日报》政经观察周刊，记者　肖霞）

佛山规上工业总产值突破 3 万亿元

系全国第二个、广东首个“工业 3 万亿”地级市

2024年1月4日，佛山市委十三届七次全会暨市委经济工作会议宣布了一则令人振奋的消息：2023年佛山规上工业总产值突破3万亿元。佛山正式成为全国第二个、广东首个“工业3万亿”地级市。

“工业3万亿”是衡量国内外制造业城市发展水平的一个重要指标，反映产业能级，体现城市竞争力。截至2022年底，国内只有深圳、苏州、上海3个城市规上工业总产值超过3万亿元，其中地级市只有苏州。随着此次佛山成功冲线，这一顶级方阵再添一员“猛将”。在省委提出突出制造业当家之后，佛山力撑实体经济并实现关键一跃，最终突破了这一“天花板”。

佛山制造业为什么“能打”？凭什么脱颖而出？作为全国唯一的制造业转型升级综合改革试点，佛山近年来深入推进新型工业化，加快发展新质生产力：一方面重构老产业，以“数改智转”推动传统产业升级；一方面竞跑新赛道，以“招育并举”发展壮大新兴产业。最近三年，佛山招商引资突破1万亿元，一大批50亿级、百亿级项目挑起了大梁。

总投资238亿元的广东宁德邦普一体化新材料产业项目于2023年落户佛山市三水区，目前该项目已进入了建设阶段。广东邦普循环科技有限公司董事长李长东说，坚持制造业当家不是一句口号，而是对发展实体经济的坚定决心和切实行动，让企业更有发展信心。

中山大学岭南学院经济学系教授林江认为，规上工业总产值超过3万亿元，是极少数城市才能到达的高度。佛山虽然是地级市，但通过坚守实体经济，久久为功，最终实现“工业3万亿”目标，对广东乃至全国都有

参考借鉴意义。

同样颇具意义的是，随着佛山规上工业总产值突破3万亿元，粤港澳大湾区正式形成工业规模从4万亿（深圳）、3万亿（佛山）到2万亿（东莞和广州）、1万亿（惠州）的梯队式发展格局，制造业综合竞争力将更强。

最近，工信部下属的中国信息通信研究院发布了2023年中国工业百强区榜单，珠三角有21个区入选。其中，佛山5个区全部榜上有名，成为广东唯一所有区都上榜工业百强区的城市。

在中央财经大学经济学院副教授路乾看来，粤港澳大湾区产业配套齐全、集聚度高，极大提高了生产效率，不仅在全国扮演重要角色，也降低了全球工业产品的生产成本。

（2024年1月5日，《南方日报》头版，记者　周欢）

“中国工业第四城”之争：十年拉锯后，佛山产值营收均超重庆

新鲜出炉！

如果以规上工业总产值排名，2023年中国工业五强城市座次分别为：深圳、苏州、上海、佛山、重庆。

2024年1月28日，随着上海“官宣”数据，2023年规上工业总产值全国前5名城市的席位全部落定。

深圳预计突破4.8万亿元，稳居全国第一；

苏州凭借4.43万亿元，排名上升到了第二；

上海小幅回落至3.94万亿元，降至第三；

佛山则首次突破3万亿元，排在全国第四，远超第5名的重庆。

这次排名变动，非常耐人寻味。

除了上海与苏州易位，还有一个最大看点，佛山和重庆在经历长达十年的艰苦拉锯后，终于有了明显答案——佛山凭借领先3000亿元以上的显著优势甩开重庆，稳居规上工业总产值全国第四城。

对佛山来说，久久为功带来的关键一跃，真的太不容易了。

同样值得关注的是，各地统计局近期公布了2023年统计年鉴。最新核定数据显示，佛山规上工业企业营业收入2022年就已经超过了北京、重庆，跻身中国规上工业营收第四城。

规上工业总产值、规上工业营收，位居全国“双第四”，这是佛山的历史性突破。

十年拉锯战
佛山vs重庆的工业第四城之争

规上工业总产值，是衡量一座城市制造业发展水平的重要指标之一，反映的是工业规模，体现的是产业能级，印证的是综合竞争力。

这几天，各地接连公布2023年工业经济答卷。

深圳市工信局宣布，预计2023年规上工业总产值突破4.8万亿元；

苏州市对外透露，2023年规上工业总产值达到4.43万亿元，增加值增长3.6%；

上海市统计局公布，2023年规上工业总产值39 399.57亿元，下降0.2%；

广东省政府工作报告、佛山市政府工作报告都透露，2023年佛山成为广东第二个规上工业总产值突破3万亿元的城市；

重庆市经信委宣布，2023年规上工业总产值超过2.6万亿元。

也就是说，佛山2023年规上工业总产值不仅超越了重庆，而且大幅领先3000亿元以上。

对佛山而言，这一突破具有标志性意义。

为何这么说？因为这预示着“工业3万亿”的佛山跻身中国工业大城的第一方阵，2023年工业总产值与上海同处3万亿—4万亿元的区间。

从全国排名来看，佛山规上工业总产值仅次于深圳、苏州、上海，排在全国第四，也成为全国第4个实现“工业3万亿”的城市。

更令人关注的是，佛山、重庆这两座在工业领域经常被外界拿来比较的城市，历经十年拉锯战，终于大幅拉开了规上工业总产值差距。

南方+记者根据两地统计年鉴梳理发现，在2013年之前，佛山的规上工业总产值长期稳定领先重庆。2014年，拉锯战正式打响，两市排名开始反复交替。当年，佛山规上工业总产值仅以不到15亿元的微弱优势领先重庆。

在随后2015—2017年三年间，重庆均超过佛山，但差距并不是非常明显，最小的仅差100多亿元。2018—2020年三年间，佛山又赶上了重庆，但也非常胶着，差距最小的时候才领先200多亿元。

2021年，重庆凭借约182亿元的小幅领先优势，又一次反超佛山。

这场你追我赶的长跑，直到最近才看到比较明朗的结果。

佛山、重庆两市统计局相继公布的2023年统计年鉴中可以找到两地2022年规上工业总产值的最新核定数据：佛山为2.7965万亿元，重庆为2.5827万亿元。

这意味着，2022年佛山规上工业总产值不仅超越了重庆，已经晋级为全国第四，而且还把差距拉大到了2100多亿元。

而随着2023年数据公布，佛山突破3万亿，进一步大幅领先重庆。这也是自2011年以来的13年间两市规上工业总产值差距首次超过3000亿元。

佛山，规上工业总产值全国第四城，稳稳地！

不过，衡量的维度还有很多。如果从全部工业增加值来看，重庆还是超出佛山不少，显示二者的工业硬实力仍然旗鼓相当、难分伯仲。

营收大比拼
佛山北京重庆谁能笑到最后？

除了规上工业总产值、全部工业增加值，规上工业企业营业收入（规上工业营收）也是反映工业发展水平的一个重要指标。

佛山在这方面的表现也出乎很多人的意料。

早前，很多以初步数据为依据的规上工业营收排名，把佛山排在全国第六。

然而，最新核算数据显示，佛山其实2022年就已经晋级为中国规上工业营收第四城。从北京、佛山、重庆市统计局最近公布的2023年统计年鉴中可一探究竟。数据显示，2022年三市规上工业营收咬得非常紧——佛山为2.7764万亿元，北京为2.7714万亿元，重庆为2.7175万亿元。凭借小幅领先优势，佛山终于超越了北京和重庆，从2021年全国规上工业营收第六城，一跃成为2022年第四城。这也是佛山多年来首次跻身第四。

这样的逆转，来之不易。

从过去的数据来看，佛山规上工业营收前几年基本在全国第五、第六名之间徘徊。比如，在疫情之前的2019年，佛山（2.29万亿元）排在第五，高于重庆（2.14万亿元），但略低于北京（2.34万亿元）。2020年和2021年，佛山则排在第六，但三市之间的差距也不是特别大。

随着2022年核定数据公布，佛山实现对北京、重庆的反超，提升至全国第四，仅次于深圳、苏州、上海。这也意味着，2022年佛山在规上工业总产值、规上工业营收两项指标上均拿下了全国第四。

对佛山这座制造业大市来说，无疑是重大突破，也标志着综合竞争力再上一个台阶。

2023年，佛山是否守住了？

从2023年数据来看，佛山规上工业总产值继续稳居全国第四，但规上工业营收还没有公布，虽一时难下定论，但也可以看出大致趋势。

公开数据显示，2023年前三季度，佛山的规上工业营收同样超过北京和重庆，排在第四，全年“保四”可以说是大概率事件。

如果连续两年实现“双第四”，将进一步巩固佛山作为中国工业头部城市的地位。而这离不开佛山长期以来对实体经济的坚守，也得益于近几年以超强力度推进新型工业化、发展制造业。比如，2023年佛山供应工业用地创历史新高，达1.68万亩，连续两年居全省第一；工业技改投资892亿元、增长33.7%，投资额居全省第一。

成绩是对过去投入的回馈，也是对未来发展的铺垫。2024年即将走完第一个月，新的竞逐赛早已打响。佛山、北京、重庆，三座城市工业实力都不可小觑，都是中国制造业的重要代表。在制造业高质量发展的漫漫征途上，谁能笑到最后？时间终将给出答案。

（2024年1月29日，南方+客户端，记者　周欢）

佛山北向战略：城乡区域协调发展的良方

直面难点、痛点，佛山向北大布局，打响了一场关键之战。

518.03平方千米，横跨南海、三水两区九镇街，占全市总面积近1/7。这是佛北战新产业园的庞大版图。

这也是佛山有史以来最大规模的园区。如今，它正在加速改变佛山经济格局的走向。

有网友发文认为，佛北大开发是治疗佛山“五区综合征”的良方。整合市、区资源，建设佛北战新产业园，这在佛山历史上绝无仅有。

这么说有何道理？

佛山为什么要举全市之力实施北向战略，建设佛北战新产业园？

它能带来什么？

为何建？

背后有四重战略考量

238亿元、200亿元、160亿元……2023年以来，一批超百亿元项目密集落户地处佛山北部的佛北战新产业园。

这样的大手笔，在以前是难以想象的。

佛山市委、市政府为何要打造佛北战新产业园，还高看一眼、厚爱三分？

在这背后，有四重战略考量。

第一，这是促进五区整合、推动城乡区域协调发展的大布局。

正如网友所说，佛山过去有“五区综合征”。由于历史因素，经济大区与小区之间的差异，不仅是富一点、穷一点的差异，影响的是五区社会文化、心理等方面的融合。

破解这一难题，既要有制度机制，又要有实践积累，更要有物质基础。

让五区一体化发展、变“各自为政”为“联合作战”，佛北战新产业园就是在这种战略思维下应运而生的。

它不是简单地找一块空地开发，而是推动结对合作、产业协同，集中力量办大事。

正如华南城市研究会会长、暨南大学教授胡刚所说，三水土地资源相对丰富，南海制造业比较发达，在两区邻近的片区合作共建产业园区，有助于优势互补、协同发展。

不单是佛北战新产业园，“双十园区”中很多也属于跨界共建，被寄望推动佛山五区整合。

第二，这是系统构建产业增量、防范掉进“老工业基地”陷阱的大布局。

佛山工业发展早，传统产业分量重，老旧工业园区多。虽然传统产业的市场格局比较稳定，不会大起大落，但如果躺在功劳簿上，不与时俱进，就有可能变成“老工业基地”。

建设佛北战新产业园，系统、全面布局新兴产业，是佛山下的一盘大棋，就是要在传统产业之外再构建新的产业体系。

特别是在制造业当家的背景下，佛北战新产业园是佛山从增量入手优化产业结构、改变产业形态、重塑产业形象的关键之战，决定着能否摆脱“中年危机”、保持产业永远年轻。

这既要魄力，又要定力，更要久久为功。

第三，这是破解不连片成带难题、重构产业空间载体的大布局。

从佛山的工业地图，可以看到工厂很多，星罗棋布，但存在一个突出问题，就是工业不连片、产业不成带、土地碎片化，同类产业、上下游企业没有很好形成集聚效应，难以实现效益最大化。

园区不能形成生产、生活、生态“三生”融合的格局，不仅不便于产业就近配套，也增加了交通成本和生态压力，影响城市运转效率。

佛山提出构建“中部强核、东西两带、南北两圈”的产业格局，就是要解决这样的问题。而最大的抓手正是佛北战新产业园和“双十园区”。

第四，这是夯实基层基础、促进共同富裕的大布局。

制造业是佛山立市富民的根本。建设佛北战新产业园，就是要让相对落后的区域富起来。

随着实施“百县千镇万村高质量发展工程”（简称“百千万工程”），要实现区域协调、共同富裕，关键在于基层基础。作为佛山推进“百千万工程”的主平台、主抓手，佛北战新产业园对巩固基层、发展基层意义重大。

怎么建？
突出3个“高”和4个“三”

园区大、涉及面广，而且还是新的产业领域。佛北战新产业园对佛山来说，是史无前例的工程。

在中山大学岭南学院经济学系教授林江看来，佛山是制造业大市，要发展新兴产业，既扬优势，又要补短板。不仅要引进优质项目、高端人才，也要积极探索体制机制创新。

要如何来建设佛北战新产业园?

2023年7月出台的《佛山大型产业集聚区（佛北战新产业园）产业发展规划》中有一句话让人印象深刻——举全市之力深入推进佛北战新产业园建设，力争建成世界一流水平、以先进制造业为主体的现代化产业集聚区。

话虽然简短，但目标远大，信息量也很大。

首先，强化了责任。

佛北战新产业园不是一区一镇的事，而是要集中资源，举全市之力。

其次，明确了方向。

建设佛北战新产业园不能闭门造车，要开放合作，瞄准世界一流。

最后，找准了定位。

不能再走随波逐流、盲目发展的老路，而是要聚焦新兴产业、先进制造业，突出现代化。

知易行难，佛山具体是怎么做的？可用3个“高”来归纳。

其一，高效率运作，创新园区管理体制机制。

佛山组建了以市委常委、常务副市长为指挥长的佛北战新产业园三水指挥部，下设7个办公室，建立全市综合调度协调机制，整合市、区资源。

同时，抽调市、区超百名干部，其中40多人驻点办公，国土、招商、政数、财政等4个市直部门进驻园区，省市区三级协同高效推进园区建设。此外，17个省市审批事项下放园区，启用佛北战新产业园三水片区“益晒你”企业服务中心，推动“园区事情园区办、园区事项高效办”。

这样的制度设计，有4个特点，即精简架构、理清链条、充分授权、突出重点。既强化市级统筹，重构扁平化管理架构，又下放管理权限。

其二，高能级打造，省市区共建、瞄准3.0升级版。

园区建设不能乱撒胡椒面，也不能眉毛胡子一把抓。佛北战新产业园按照3.0升级版要求，积极打造新型产业园区的标杆。

以云东海医药健康产业园为例，结合医药健康产业的发展规律和新型园区的标准要求，突出4个“三”。

第一是生产、生活、生态“三生”共融；

第二是产业链、创新链、供应链“三链”共强；

第三是药品、药械、药检“三药”共倚；

第四是省、市、区“三级”共建。

特别是在省市区共建方面，导入省、市优质资源，提升园区能级。比如，与省药监局共建全省药品监管综合改革先行区，“两所一中心”入驻园区；与省卫健委共建“一基地两中心”。

其三，高质量招商，不搞“装到篮子里都是菜”。

以前，有些地方不管项目好与差都引过来，结果把有限的制造业空间给挤占了。

在中央财经大学经济学院副教授路乾看来，一方面要充分挖掘和扶持本土科创类企业发展，推动增资扩产；另一方面，要建立规模较大的市级产业基金，重点投向新兴产业，促进招商引资。

在这方面，2021年以来，佛山以前所未有的力度推动招商工作机制改革，市、区两级成立专门负责招商引资的投资促进局或招商局，组建医药健康、新型储能等7个重点产业招商专班和4个驻外地招商工作组，突出精准招商。

佛北战新产业园还实施市、区、镇一体化招商引资工作机制，成立了产业基金，促成一批超百亿项目相继落户建设。

带来了啥？
“吸金”与生态圈再造

作为佛山史上最大的园区，佛北战新产业园跨界融合的特征鲜明。

这体现在两个方面。

其一，跨越空间，融合市区镇之力。

佛北战新产业园的最大魄力就是打破行政边界和区域壁垒。它涵盖南海的狮山、丹灶、里水以及三水的西南、云东海、乐平、芦苞、大塘和白坭，摒弃了以区、镇为界限“画地为牢”的做法。

其二，跨越产业，融合新兴领域之力。

佛北战新产业园的最大特色就是打破路径依赖、瞄准新兴产业。对以传统制造业见长的佛山来说，发力医药健康、新能源、新材料等产业，是自我挑战，更是新的跨越。

从2021年11月佛山市第十三次党代会首次提出建设佛北战新产业园，到随后被省政府列为全省七个大型产业集聚区之一；从2022年2月佛北战新产业园正式开园，再到如今优质项目扎堆落户……近两年来，佛北战新产业园步步进阶。

那么，它究竟带来了什么？

不得不提的是，佛北战新产业园在推动佛山改变工业不连片、供地不保障、产业不高端、招商不给力的状况上发挥了重要作用。

一是带来了更多的优质项目。

最近公布的一组数据，让佛山又一次出圈。

2023年1—8月，佛山全市签约投资总额2781.7亿元，同比增长18.22%。

引进项目不仅多，“块头”也很大。

宁德邦普项目，238亿元，一举创下佛山单个项目投资额的最高纪录。

还有很多项目也相当“威水”。

星源材质项目，200亿元；

一汽—大众汽车新项目，160亿元；

瑞浦兰钧项目，125亿元。

细看就会发现，这几个“巨无霸”有不少共同特点。它们不仅都属于战略性新兴产业，也都落户在佛北战新产业园。

实际上，佛北战新产业园和十大特色制造业园区“大单”不断、非常“吸金”，近两年引进10亿元以上重大产业项目82个，超百亿项目12个，总投资3248亿元。这是佛山最直接的收获。

二是带来了更广的制造业空间。

过去常有企业反映，有项目却无地可落。为此，佛山干了两件大事：一个是把工业用地规模由350平方千米调整到450平方千米，另一个就是规划建设佛北战新产业园和“双十园区”。

这就腾出了更多高质量的产业空间，增加了用地供给。就像广东医谷云东海项目运营负责人杨焕清说的那样，项目从签约、拿地到动工速度很快。

三是带来了更完善的产业生态。

近年来，佛北战新产业园和“双十园区”的相关规划及扶持办法陆续落地。全市也不断推出扶持产业发展的措施。比如，设立总规模300亿元的制造业转型发展基金，设立40亿元产业并购基金以及重金奖励企业上市、科技创新。

这一定程度上再造了佛山的产业生态圈，也让这座城市在新兴产业的风口起舞。

以锂离子电池为例，2021年以前并不是佛山的主要工业产品，而2023年迎来爆发式增长，1—7月产量大增69.1%，增速居全市各主要工业产品之首。

这也印证了，改变已然发生。

佛山还有更大的雄心：争取到2025年把新型储能、医药健康、工业机器人产业培育成为千亿集群；到2026年，发展形成十个左右新兴领域的千亿元级产业集群。

英国历史学者麦考莱说，一个浪头也许很快会平息，然而潮流却永远不会停止。

佛山北进，打造战新产业集聚圈，希望挺立时代潮头。

这是一条佛山过去从来没走过的路。前方有多宽阔，时间终将给出答案。

（2023年9月20日，南方+客户端，记者　周欢）

佛山3年招商签约额超万亿元，高新技术企业总数破万家

宜业宜创　每6人就有1个“老板”

2024年，博士后丁克迎来又一人生大事：从佛山广工大研究院博士后科研工作站顺利出站。毕业于香港中文大学的他，还有另外一个身份——企业“老板”。

如今在佛山，投资创业的人越来越多。截至2024年4月底，佛山经营主体总量达165.33万户，同比增长17.5%。按常住人口计算，全市每6人中就有1个当“老板”。

这个“小数据”，折射出佛山经济社会发展的大活力、强引力。最近3年，佛山招商签约额共计超过1万亿元，2024年1—4月超过1300亿元。2023年，佛山高新技术企业、规上工业企业总量双双突破1万家，居全国地级市前列。最新公布的榜单显示，佛山13个镇入选全国镇域经济百强，且在前七强中独占四席……一组组数据体现了佛山作为“中国工业第四城”、广东经济第三城的实力和竞争力。

随着推进“百千万工程”，佛山“咬定”新型工业化、新型城镇化和新质生产力不放松，加快建设广东省城乡区域协调发展改革创新实验区，宜居宜游、宜业宜创的气质更加凸显。

抢项目旺产业
前4月日均“吸金”超10亿元

在南海狮山镇，百亿级新能源项目——瑞浦能源项目一期已竣工投产。这个“链主”的到来，为佛山新能源特别是新型储能产业发展打开了新天地。

几十千米外的佛山新城，刚从招商战场“拼杀”归来的佛山招商团队紧锣密鼓地复盘。2024年1—4月，佛山签约引进1亿元人民币或1000万美元以上项目252个，签约投资总额1307.76亿元，平均每天“吸金”超过10亿元。

“项目是跑出来、谈出来的！”佛山市投资促进局工作人员唐泳茵感触颇深，“招商不是坐在办公室里，哪里有项目我们就到哪里去”。155个招商小分队马不停蹄奔赴全国各地，拜会693家重点企业……2024年开展“新春大招商”，佛山的阵仗很大，战果也颇丰，洽谈对接投资项目369个，促成意向投资额1915.28亿元。这样的规模，创下佛山历史之最。

要在最短时间内对接最多企业，困难总是不期而至。有一次，唐泳茵所在的小分队在华东遇到连绵雨雪天气，连续遭遇航班取消、高铁晚点等变故，最后还是想尽一切办法赶到了北京，如期拜访目标企业。“对方非常惊讶，他们说，感受到了佛山人招商的诚意。”唐泳茵说。

抢到项目，就是赢得先机。2023年，佛山招商引资首次突破4000亿元，完成工业投资1509亿元，其中工业技改投资额居全省第一。在此带动下，佛山2023年成为全国第四个、广东第二个规上工业总产值超过3万亿元的城市。

2024年一季度，佛山工业投资增长19.3%，工业技改投资增长21%，不断积蓄产业动能和发展后劲。

强经济富百姓
去年新增"老板"40多万人

一声"开工"令下，数台挖掘机挥舞铁臂开始施工……2024年2月18日，在佛山市高质量发展大会上，滚动累计总投资超100亿元的德国赛威华南制造基地项目正式开建。

这一全球机电巨头为何"相中"这里？"佛山优越的营商环境和各级政府部门求真务实、勤奋敬业的工作态度深深打动了赛威的管理团队。"赛威传动（中国）投资有限公司执行董事长张胜利说。

吸引项目持续进驻，不仅要有招商拼劲，还要有"营商功夫"。获评全国营商环境"十大最佳口碑地级市"，佛山名不虚传。

从2021年起，佛山把打造一流营商环境作为"一号改革工程"，构建"益晒你"企业服务体系并每年滚动更新。2023年，深化30个"一件事一次办"主题集成服务，办事流程环节、跑动次数分别平均压减58%、84%。

"在'一网通办'平台提交资料，申办全程零跑动。"在办理"个转企"营业执照后，佛山科联装饰工程有限公司经办人周汉戈为便捷的服务点赞。

大刀阔斧改革，激发了市场活力。2023年，佛山新登记经营主体40.26万户，增量居全省地级市第一；截至2024年4月底，经营主体已增至165.33万户，比2020年底增加71万多户。用网友的话说，"遍地都是老板"。

市场"活鱼"更多，也让佛山发达的民营经济、镇域经济更加出圈，成为富民强市的"主力军"。

在佛山32个镇街中GDP超百亿元的有30个、超千亿元的有2个，19个镇入选全国千强镇，还有8个镇街规上工业总产值超千亿元，且"亿元村居"增至80个。

佛山公布的统计公报显示：2023年，全市居民人均可支配收入达67 463元，比上年增长5.2%，总量和增速均高于全省；城乡居民人均收入比值缩小至1.66，远低于全省和全国。

引人才聚人气
245万“千里马”竞相奔腾

佛山南海，文翰湖畔，集聚了来自全国各地的上千名科研人员。他们在这里创新研发、攻关技术。

“90后”女博士徐婷就是其中一员。作为季华实验室引进的首批博士人才，她拿到了100万元的青年创新基金，还组建了自己的研发团队。经过不懈打拼，徐婷负责的季华实验室智能新型非充气轮胎项目，孵化出了季华合越科技（佛山）有限公司，成功研发出应用于多个领域的非充气轮胎，产业化梦想逐步成为现实。

像徐婷这样，越来越多人才在佛山创新创业、安居乐业。

博士后期间，丁克创办的佛山显扬科技有限公司，获批为佛山市科技创新团队项目，研发的技术成功打破相关国家在高端三维机器视觉领域的垄断。“佛山制造对新技术的需求很旺盛，我们的研发成果在佛山找到了很好的产品应用场景，营收增长非常不错！”对未来发展，丁克充满信心。

佛山爱“才”有道，不仅设立人才日，还重构优化人才政策体系，出台“2+N”人才新政，搭建人才服务“一卡一区一园”，正在形成近悦远来的人才发展环境。佛山现已培育引进省、市科技创新团队342个，拥有博士超7000人、领军人才超400人，人才资源总量达245万人。

以才聚产，佛山谋变突围，加快推进产业与科技融合聚变。去年，佛山新增高新技术企业1600家、总数突破1万家，总量晋升到全省第三位；拥有省级以上“专精特新”企业2039家，科技型中小企业总数达7010家。

人才多起来了，人气也更旺了。2023年末，佛山常住人口达961.54万，比上一年增加6.31万，人口增量超过10多个省会城市。

产城人文融合发展的现代化新佛山，正吸引越来越多企业、项目、人才在这里“海阔凭鱼跃”。

（2024年5月30日，《南方日报》头版，记者　肖霞　周欢）

服务温度：人才近悦远来的佛山“密码”

一年前，被佛山强大的中医药产业实力吸引而来的博士陈菊，没想到这么快就能在这里找到家的感觉；十三年前，殷红军选择从西安来到佛山的博士后工作站时，还不知道自己会就此扎根。

多年来，数不清的人才像陈菊和殷红军一样，来到佛山、留在佛山、扎根佛山。数据显示，目前佛山全市人才总量超236万人，其中领军人才超400人，博士近6800人。

是什么让他们纷纷为佛山投下“信任票”？“佛山的人才服务在全国来看都是一流的。”如今已是新佛山人的殷红军评价道。

贴心温暖的服务是佛山打造人才“强磁场”的重要因素。当前，佛山已建立起自上而下、工作生活全方位覆盖的人才服务体系：市领导班子直接联系服务66名高层次人才、打造高端港澳创新创业服务平台、在全国率先开展政务跨城通办一体推进人才公共服务……

人才纷至沓来，一轮拴心留人的高水平服务竞赛早已在佛山内部擂响。

把好生活服务基本关
解决人才后顾之忧

声名远扬的佛山功夫、雄厚扎实的产业实力，往往构成外界对佛山的第一印象。而真正在佛山定居后，陈菊总能挖掘出这座城市更多可爱之处。

“我就职的地方在禅城，是佛山的老城区。原本以为老城区会比较

'古板'，没想到非常有活力。"云南人陈菊现在是佛山市中医院肿瘤中心生物免疫实验室主任。一年半前，她与佛山的故事正式拉开序幕。

刚来到这里时，住房和孩子入学是陈菊最担心的事情。"没想到医院和佛山的人社部门迅速行动起来，很快帮助我们解决了。"没有了后顾之忧，陈菊全身心投入研究，希望为佛山中医药事业贡献自己的一份力。

让人才留在佛山安家，需要佛山各级各部门用心、用情打造舒适的"人才家园"。而当好人才"后勤"，做好落户居留、子女教育、医疗卫生等服务，是佛山把好人才服务的基本关。

从安居政策来看，佛山制定了人才安居办法，在原来单一"给钱"补贴的基础上，推动形成货币补贴和实物配置相结合的人才安居体系，明确五年筹集人才住房不少于2.5万套。

从医疗保障来看，佛山为高层次人才提供免费体检、优先挂号等服务，还在佛山第一人民医院、佛山复星禅诚医院打造了国际诊疗中心等，以高水平医疗保障人才身体健康。

"便利"是贯穿佛山人才服务的关键词，也是人才在佛山生活的最直观感受。"生活方面政府照顾得很周到，我们去办事也能享受到很多便利。"陈菊说。

如今，佛山在全省地级市率先成立人才发展集团，从传统的人才服务延伸到科研创新服务、中小企业服务、园区开发运营，推动"科技、产业、人才、资本"四链融合。

为了解决人才业务办理不集中、人才交流不足、人才和企业间贯通难等问题，佛山市人社局搭建人才服务"一卡一区一园"，以高质量服务礼遇人才。依托"优粤佛山卡"，解决人才业务办理不集中的问题。

目前，佛山已归集全市人才业务办理入口，实现人才补贴申领等29项高频人才业务"一站式"办理。自2019年"优粤佛山卡"上线以来，服务人才超60万人次，调查人才服务满意度达96.2%。

免租金、给补贴
创新创业“服务周到”

“我来到佛山创业后，政府部门提供了公司场地并且免除了租金，这对我们初创企业而言是实实在在的福利！”澳门人邓嘉欣是抖来米电子商务有限公司的创始人，三年前来到佛山，如今已完全融入。

邓嘉欣是一名“95后”年轻企业家。谈到选择佛山的理由，她直言佛山的产业基础与自己的创业思路十分契合，“我们是服务传统企业及有意从事新电商的人士，帮助大家快速走向线上平台。佛山作为制造业大市，当前也正在推动传统产业转型升级，我们的发展空间很大。”

得益于高效的创新创业服务体系，越来越多来自港澳的“邓嘉欣们”相中佛山。

为帮助港澳人才快速了解佛山、适应佛山，佛山陆续举办粤港澳大湾区香港青年实习计划、“青年同心圆计划”“展翅计划”港澳大学生实习专项行动等交流活动。据统计，近五年来，佛山累计为港澳人才提供优质实习、见习岗位2万多个。

同时，佛山建成港澳青年创业孵化基地和南海、顺德分园区，构建“一基地两园区”，打造高端港澳创业创新服务平台。截至目前，一基地两园区累计引进项目162个，其中港澳项目90个，在孵项目年产值9196.5万元。邓嘉欣公司所在场地就是由港澳青年创业孵化基地提供。

“除了提供场地、免除租金，我们在拿证审批、对接资源、员工社保、创业补贴等方面，都享受到了来自佛山市各级政府提供的服务。”邓嘉欣说。

近年来，佛山把打造一流营商环境作为“一号改革工程”，《2022年广东省营商环境评价报告》显示，佛山营商环境评价排名全省第三，仅次于深圳、广州，位列地级市第一。

聚焦企业开办环节，佛山在全国首创“一照通行”改革，将相关涉企审批部门的经营许可事项与营业执照合并办理，通过营业执照归集各类许可信息，把多部门“多件事”整合为“一件事”，实现“一企一照、一照通行”。截至2023年8月，全市已办理“一照通行”业务近15万笔，总审批用时压缩70%，提交材料数量压缩50%，平均为每家企业节约办事时间10天。

促人才广交流
满足人才个性化需求

在佛山市高层次人才服务专区担任专职服务专员已经一年半的吴程琳，对现在的工作越来越上手。

工作中，她为人才在佛山遇到的政务、科技、创业、生活等问题提供优质、高效、便捷，温暖贴心的“一站式、管家式”服务；生活中，她早与不少高才互为朋友，听到的最多反馈就是佛山的人才服务细致入微。

在南海区，为提升人才服务的覆盖面和精准度，首批10名专职人才客户经理于2021年正式上岗。至今，人才客户经理们共走访服务对象约1.47万人次，完成服务个案超1万人次。服务办结率100%，人才满意度达98%，受到广大高层次人才的一致好评。

“高层次人才这个称号听起来好像与普通人有距离感，但相处下来发现这是一个非常温暖的群体。不少外地来佛山的高才除了同事，在本地缺少朋友，我们就会举办活动促进大家交流。”吴程琳说，每当高才专区举办活动，2天内基本上都能报满。

2023年6月，省人才服务局联合佛山市人社局等举办了一场高层次人才社群活动，活动现场“爆满”，参与人员热情高涨。除此之外，“百博大咖会”“大咖有约”专家分享会、高校学子研学行活动等各类人才活动精彩纷呈，佛山致力于打造“最友好的人才交流圈层”。与此同时，各区从人才的实际需求出发，开展形式多样的人才活动，以此更好地满足人才多样化、个性化的需求。

在禅城区，高层次人才服务专区、国际人才一站式服务专区、驻深圳人才工作站（禅深产业协同创新中心）、人才会客厅等12个人才服务载体一应俱全。

在三水区，乡村振兴人才驿站受到广泛欢迎。驿站投用以来，通过“线上+线下”累计举办直播带货启蒙培训、“南三”农村电商人才座谈交流会、数字人才高质量发展论坛、数字人才能力提升云课堂约20场活动，涵盖各类乡村振兴人才的培训、参观交流、发展论坛、直播带货等内容。这些服务不仅为人才开阔了视野，也促进了当地农业电商产业发展。

2023年9月27日，佛山迎来第二届人才日。依靠人才，佛山必将在粤港澳大湾区高水平人才高地建设中展现佛山担当、贡献佛山力量。

手记
服务人才，要“直击心灵”

做服务不难，难的是贴心、温暖，服务到人才心坎里。

放眼整个大湾区，佛山的人才数据非常体面，与广东经济第三城的体量相匹配。人才选择一座城市，在城市汇聚、扎根，最终是想干事创业、实现价值。

换言之，能助力人才实现价值的服务，就是好服务。

在记者的采访过程中，人才提到频率最高的词是“周到”和“便利”。不论是生活上的安家、子女入学、医疗等，还是工作中的政策补贴、资源对接、创新孵化，佛山的服务可谓全方位、全周期、全链条。

尽管人才对佛山提供的服务评价甚高，但吴程琳等高层次人才专职服务专员不满足于现状，依然经常对高才做“访问”，了解其更深层次的需求以便优化和提升服务。

秉承“为人才做好每一件小事，让人才全心全意干大事”的宗旨，佛山的人才服务尽全力做到贴心、温暖，直击人才“心灵”。

正如邓嘉欣所说：“佛山的人才服务并不是嘴上说说，是用实际行动把我们留在了这里。”

（2023年9月25日，南方+客户端，记者　王蓓蓓）

佛山起新秀：以“十个千亿”拼出更强产业版图

奔跑在奋斗的春天里，佛山产业拔节生长，向着更新、更高端进发。

近日公布的几组数据，让外界又一次看到这座全国制造业大市涌动着的活力和强大的后劲。

一季度，佛山签约投资总额超1437亿元，同比增长逾六成，招商“最强开局”激活制造业“链式反应”。更难能可贵的是，一批百亿级战略性新兴产业项目不约而同落户，在佛山乃至广东成为现象级事件，不仅再次引爆产业圈层，也极大打开了佛山产业焕新的想象空间。

一边是大批“新锐”项目蓄势待发，一边是产业“新秀”异军突起，过去以传统制造业名扬天下的佛山，在奔腾向前的时代大潮中正强势重塑产业版图。2023年1—2月，佛山先进制造业、高技术制造业增加值分别增长9.7%和11.1%。向新向上，逐浪攀高，行进中的佛山步履铿锵。

在这背后，有三个关键词值得关注，那就是新势力、新赛道、新动能。战略性新兴产业正是它们共同的连接。而佛山恰恰抓住了这个新风口。

这是一场布局于当下、决胜于未来的大行动——佛山计划到2026年形成十个左右新兴领域的千亿元级产业集群。

一个“新”字，承载着梦想，孕育着力量，也勾勒出一幅火热升腾的佛山新图景。

崛起新势力
百亿“链主”引领未来

再投238亿元！

在佛北战新产业园，知名新能源企业宁德时代通过旗下子公司邦普循环持续加大对佛山的布局。目前，邦普循环在佛山三水已累计投资近百亿元建设项目，佛山一厂已启用、二厂也已部分量产，投资50亿元建设全球研发与创新中心预计年底投用。而就在前不久，计划投资238亿元的广东宁德邦普一体化新材料产业项目签约落户。这刷新了近年来佛山单个项目投资额的历史纪录，也标志着佛山新能源新材料产业发展迎来又一个里程碑。

这个春天，令人振奋的喜讯频传。一季度，超百亿元的项目数量创下佛山同期历史之最。

从宁德邦普到一汽—大众，从星源材质再到德国SEW—传动设备……落户的这些百亿级项目均属于战略性新兴产业，都是业内知名的“链主”企业。它们的到来和增资扩产，让长期缺少关键性重大项目的佛山崛起更强的“新势力”，也将产业结构偏传统的佛山带向新兴产业的超级风口。

这是一个更大的战场，也蕴藏着一个更宽广的未来。

如果说泛家居、装备制造两个万亿级产业集群让佛山过去很长时间内在全省乃至全国独领风骚，那么战略性新兴产业将引领佛山走向又一个黄金时代。

如今的佛山，在1.27万亿元的巨大经济体量上想要再跃一个大台阶，迫切需要这样一个机会。奋勇争先的佛山，也已然下定决心为自己创造这样一个机会。

近年来，佛山市委、市政府拿出硬招实招，出台一系列政策措施，全力构建制造业当家的崭新形态，在推动传统产业转型升级的同时大力发展战略性新兴产业，希望保持产业永远年轻、推动制造基业长青。

国内外百亿级项目接踵而至，说明佛山的路子找准了、选对了。而且，这条道路一定可以越走越宽。

竞逐新赛道
阔步挺向“十个千亿”

每一次改变，都源于向往、追求强大。

每一次改变，都渴望在破立之间超越自我。

佛山工业起步早，传统产业分量重，是不争的事实。佛山规上工业总产值和增加值均居全国第五位，现有8个超千亿的产业集群中有5个是传统产业，3个是新兴产业。然而，佛山并没有安于现状，而是奋起改变——以“四大决心”促“四大改变”，不断壮大新动能、防范掉进“老工业基地”陷阱。

在这场优化产业结构、改变产业形态的自我革新之中，佛山笃行致远。

透过佛山一季度招商成绩单，可以观察到不少令人欣喜的新趋势、新动向。特别是项目的量级更大、结构更优、质量更高，战略性新兴产业项目成了最大热点和重中之重。

2023年3月26日，固定资产投资约100亿元的星源材质华南新能源材料产业基地在佛山南海开工，将为全球新能源产业发展提供重要的材料支持。

而就在3月24日，一汽—大众新能源跃阶发展项目签约落户南海，力争5年内实现投入超100亿元、产值1000亿元。

密集的动作、超常规的力度，推动过去规模和占比相对较小的佛山战新产业沿着新赛道阔步挺进。

按照佛山市委、市政府定下的目标，到2026年将发展形成十个左右新兴领域的千亿元级产业集群。

跳一跳，够得着。这样的“任务书”，形成倒逼的压力，更成为佛山前进的动力。

从大手笔布局建设佛北战新产业园和“双十园区”，到把工业用地规模由350平方千米调整为450平方千米；从重点瞄准战略性新兴产业招商引资，到重点培育发展新能源汽车、高端装备制造、高端软件、医药健康、机器人、新能源、新材料、新型储能等新兴产业……佛山以实干作答，用行动改写产业格局。

战鼓再擂响，只为走向胜利。

在高质量发展的当下，佛山对战新产业的渴求从未如此之强烈，距离实现重塑产业形象的目标也从未如此之近。

激荡新动能
工业4万亿不是梦

星光不负赶路人，江河眷顾奋楫者。

放眼今天的佛山，改变正在发生，并不断上演着产业格局变化的精彩故事。

以机器人产业为例，2022年佛山机器人全产业链营收超过250亿元，工业机器人产量从2018年不到2000套增长到2022年3.5万套，平均年复合增长率高达110%，占全国产量的比重从1%快速提升到约8%。

这种可喜的跃迁，这种裂变式成长，是佛山制造业“老树发新枝、新芽成大树”的真实映照。

如果把佛山产业比作一个人，那么她正变得更显年轻、更现代、更高端和时尚。

产业的改变不仅仅体现在形态上，也反映在速度上。

日前公布的统计数据显示，2023年1—2月，佛山规上工业增加值增长9.8%，比上年全年提高8.2个百分点，增速居全省前列。其中，先进制造业和高技术制造业增速表现抢眼。比如，新材料制造业增长10.0%，计算机及办公设备制造业增长14.1%，医疗仪器设备及仪器仪表制造业增长17.9%。

在制造业吐故纳新之间，旧动能加速转换，新动能喷薄而出。

正是在制造业当家、高质量发展的声声号角中，佛山砥砺干事创业的雄心壮志，朝着2030年工业总产值4万亿元的目标昂首奋进。

这并非遥不可及的梦想。

回首过往，佛山规上工业总产值从2019年的2.32万亿元增加到2022年的2.87万亿元，充分证明了佛山制造的实力与潜力。不仅拥有这份厚实家当，如今又有快速崛起的新兴产业加持，与“奔跑兔”比速度的佛山有能力跑得更稳、更远。

一个向新而行的生猛佛山，必将在制造业的春天通往更加广阔的天地。

一个产业焕新的升腾佛山，定能在追逐产业梦想之路上创造更多可能。

一个勇挑大梁的活力佛山，努力在高质量发展上干出业绩、闯出新路。

我们期待，佛山拼出更强产业版图，拼出更好未来！

（2023年4月10日，南方+客户端，记者　周欢）

再造一个新佛山：超 1400 亿重大项目投资与拼经济之战

拼经济，佛山打响冲刺战，希望“再造一个新佛山”。

1400多亿元的重大项目投资，是这座“中国工业第四城”在当下的奋力一跃，也是面向未来的强大决心。

11月18日上午，佛山市2024年“奋楫新征程 蓄势新动能”重大项目集中开工投产活动暨全市招商引资工作部署大会举行。这展现出佛山对抓项目、促投资、谋发展的高度重视和快速行动。

重大项目225项，总投资1454亿元……佛山四季度集中开工投产的项目，涉及新能源、新材料、半导体及集成电路等新兴产业，孕育着动能，代表着力量，也寄托着这座制造业大市新一轮发展的希望，不仅有助于年底加速跑，也有利于明年开好局。

实体经济为本，制造业当家；拼在当下，闯出未来。

此次大会强调，去年，省委提出“再造一个新广东”的宏伟愿景，作为经济大市，必须自觉扛起“再造一个新佛山”的重要使命。

对当下的佛山来说，再造一个新佛山，必须从拼经济、拼质量开始。

（一）

再造一个新佛山，需要产业科技项目和大平台支撑。

这次集中开工投产活动，主会场设在南海区三龙湾璀璨智造园项目，地点的选择别有深意。

这个项目总投资约30亿元，尽管投资额看上去并不是特别大，但科技含金量特别高，尤其是在广东省委强调产业科技互促双强的背景下，更显意义重大。

该项目由南海产业集团建设，打造集“验证+研发+测试+生产+服务”功能为一体的特色园区。特别值得一提的是，依托广东省“显示制造装备璀璨行动计划”，该项目联合作为首批广东省实验室之一的季华实验室建设验证平台，打造广东省印刷式OLED显示装备中试线，致力建设成为国内领先的显示制造装备研发和生产基地。

佛山要更加强大起来，补齐科技创新短板是关键。而这类重大项目的建设，有助于佛山加快科技成果转化，培育壮大新质生产力，把科技创新这个关键变量转变为高质量发展的最大增量。

更为难得的是，三龙湾璀璨智造园项目位于广佛交界处，区位特殊，周边聚集了众多创新要素，不仅靠近季华实验室，还与广州南站隔河相望，是广佛同城的最前沿。经过多年铺垫，两地创新协同可谓水到渠成。而且，项目所处的三龙湾，是广东省推进粤港澳大湾区建设的重要发展平台，被定位为面向全球的先进制造业创新高地、珠江西岸开放合作标杆、广佛融合发展引领区。置身大湾区这一重大国家战略之下，更凸显其对广佛极点建设、对广东区域协同的意义。

这也道出了一个很重要的事实：重大项目并不是单独存在的，只有依托大的规划和平台，才能放大其带动经济社会发展的作用。

（二）

再造一个新佛山，需要全市一盘棋，拧成一股绳。

面对严峻复杂的经济形势，在佛山冲刺四季度的重要时刻，此次集中开工投产活动，以“奋楫新征程 蓄势新动能”为主题，来得很及时，看点也很足。

——活动规格高、举措实。

市委书记、市长不仅共同出席活动，还上台为获得重点建设红榜项目单位代表授牌，激励各界一起抓项目、拼经济。

为项目建设站台助威，就是为经济发展鼓劲助力。这样的务实行动，对坚定信心、振奋精神、激发干劲大有裨益，也传递出新的信号。

布局未来，产业先行。此次开工投产项目中产业项目数量和投资额占比均在七成左右，且涵盖新能源、新材料、半导体及集成电路、高端装备制造等新兴产业，反映出佛山市委、市政府壮大新质生产力的坚定决心。

——活动项目多、质量高。

全市四季度集中开工投产重大项目225项，总投资1454亿元。其中，集中开工重大项目共有123项，总投资831亿元；集中投产重大项目共有102项，总投资623亿元。

量增质优，是这些项目的普遍特征。除了南海区三龙湾璀璨智造园项目，还有一大批先进制造业项目“吸金”又“吸睛”。比如，禅城区国星光电LED器件封装及其应用产品项目、南海区星源材质高安全高性能离子电池隔膜项目、顺德区紫创光顺新能源技术有限公司数字星科技总部基地、高明区奥斯玛智能装备基地项目、三水区海龙新能源光伏组件及配套储能总部项目。

这些项目不仅有含金量，还有“含新量”“含智量”“含绿量”，能够助力佛山在高质量发展新征程上不断积蓄发展新动能，与活动主题形成很好呼应。

更为难得的是，在集中开工和投产的项目中，民间投资项目占比均超过七成，发挥了主力军作用，显示出佛山对投资者具有强大的吸引力。

——活动规模大、声势强。

除了南海主会场，活动还在禅城、顺德、高明、三水区设分会场，并进行现场连线。透过这次活动，可以看到五区的拼搏干劲和最好状态。市区紧密联动、各部门通力协作，展现出全力以赴拼经济的新作为、新气象。

抓项目、促投资，五指成拳，力出一孔。这是拼经济所需要的，也是再造一个新佛山所期待的。

（三）

再造一个新佛山，需要从狠抓项目、大抓投资做起。

应该说，佛山的项目储备很足，后劲也很强。

2024年，全市纳入省、市重点建设正式项目共有543项，总投资10 256亿元，年度计划投资1223亿元。其中，省重点项目177项，总投资6333.2亿元，在珠三角排名第三；年度计划投资699.52亿元，在珠三角排名第四，与佛山在全省的经济地位也基本相适应。

引人关注的是，1—10月，佛山已完成省市重点项目投资1260亿元，为年度计划投资的103%，超过时间进度约20个百分点。此外，2024年计划新开工省市重点项目96项，目前已开工建设87项，开工率达90.62%。

投资“很能打”的背后，是招商引资和项目建设火力全开。2024年1—10月，全市共签约1亿元人民币或1000万美元以上项目692个，同比增长56.6%，签约投资总额3026.8亿元人民币。

从产业分类看，第二产业招商项目占比超七成，制造业成为招商主战场。从行业范畴看，战新产业发挥引领作用，引进战略性新兴产业项目293个，签约投资总额1342.3亿元，占第二产业签约投资总额近六成。

春种秋收，今天的投资，就是明天的产出，也为佛山带来更多新的可能。

以投产项目星源材质高安全高性能离子电池隔膜项目为例，其由深圳上市公司星源材质投资建设，一期固定资产投资额50亿元，打造行业领先的锂电池隔膜生产基地。该项目投产后，不仅预计年销售额约43亿元，还有力弥补佛山锂电池隔膜制造产业空白，为佛山新能源汽车全产业链发展提供支撑。

项目建设进度条拉满，为佛山加快迈向高质量发展装上新引擎。

正如佛山市发改局负责人在活动上所说，重大项目是经济快速健康发展的“牵引器”和“发动机”，也是带动关键有效投资的“硬支撑”和“压舱石”，对经济发展、产业转型升级起到支撑和引领作用。在四季度这个项目建设“黄金期”的时间节点，市委、市政府组织召开“奋楫新征

程 蓄势新动能”重大项目集中开工投产活动，必将激发全市项目建设新高潮，为佛山经济发展增动力、蓄动能。

（四）

再造一个新佛山，还需要主动靠前做服务、强化营商环境保障。

尽管当前经济运行面临较大压力与挑战，但佛山咬定投资不放松。前三季度，佛山工业投资增速达12.8%，制造业投资更是增长15.5%，均跑赢全省和全国。

这种势头很不错，也积蓄着很大的能量，一旦全部释放出来将为经济发展注入强大动能。这正是佛山持续抓好项目建设带来的积极信号。

在这背后，佛山创新重点项目建设战法，建立了7项工作机制，包括市重大工程项目建设总指挥部调度机制、市领导挂钩联系重点项目机制、市重大项目并联审批专班工作机制、多级项目督导及问题协调机制、多层次多维度奖惩考核激励机制、招商签约项目源头跟踪协调机制等。

以市重大项目并联审批专班工作机制为例，佛山今年以来已对新开工重大项目逐一制定并联审批计划并印发至各区、各部门，实行每月调度。截至2024年10月底，市并联审批专班共推动全市511项（其中10项无需办理）审批事项完成395项，完成率达77%，有效推动审批提速。

机制创新，带来的是效率提升，也精准打通项目建设的任督二脉。

吸引更优的项目和企业，需要更优的服务。正如11月6日召开的佛山市企业家座谈会所强调，全力打造市场化、法治化、国际化一流营商环境，倾情倾力帮助企业解决发展难题、做好服务保障，让企业放心投资、安心经营、专心创业，扎根佛山做大做优做强。

打造更好营商环境，汇聚更多优质项目，才能造就一个更加强大的佛山。

再造一个新佛山，才能真正挑大梁，为再造一个新广东贡献更大力量。

（2024年11月18日，南方+客户端，记者　周欢）

创新佛山，活力涌动；产业佛山，实力强劲；宜商佛山，引力释放……透过南方日报、南方+客户端的报道，可以感知一个更加立体生动的佛山。

佛山制造业发展到今天，已经跃升到了大部分城市都难以企及的一个高度。佛山不仅是媒体持续关注的对象，也一直是业界和学界研究的对象。因为这座制造业大市、民营经济大市，是很多人公认的中国制造业发展的样本城市，也是展示中国产业经济的重要窗口。

在这里，每天上演着与制造业相关的无数故事。企业的故事、产业的故事、政企双向奔赴的故事……

这些精彩故事，是佛山加快高质量发展的故事，也是中国式现代化的故事。